발상사고혁명

나무를 지나 숲을 보자

세우지 말고 먹어.

이 달걀을 책상 위에 세우려면 어떻게 해야 할까요?

열린 사고를 하자

01 달걀을 세운 콜롬버스

크리스토퍼 콜롬버스가 아메리카 대륙을 발견하고 귀국했을 때 국민들은 개선장군이 돌아온 것처럼 환영했습니다. 그러나 한편으로는 그의 폭발적인 인기를 질투하는 사람들도 있었습니다.

콜롬버스를 질투하는 사람들이 연회석상에서 떠들어 댔습니다.

"배를 서쪽으로 몰고 가다가 우연히 대륙에 부딪친 것 뿐인데, 웬 난리람."

그 말을 들은 콜롬버스는 "그건 그렇소. 나도 별로 자랑할 생각은 없소. 다만 제일 먼저 착안한 점만 자랑스럽게 생각할 뿐이오." 라고 말했다. 그런 뒤 사람들을 향해 달걀 하나를 번쩍 들고 말했다. "누구든 이 달걀을 책상 위에 세워 보시오."

그러나 그 달걀을 책상 위에 세우는 사람은 한 사람도 없었습니다. 그러자 콜롬버스는 그 달걀의 끝을 책상 모서리에 탁탁 쳐서 납작하게 한 다음 책상 위에 세워 놓았습니다. 이것을 본 사람들이 "이런 식으로 하면 누가 못하겠소." 하며 투덜거렸습니다. 그러자 콜롬버스가 눈을 지그시 감고 말했습니다.

"물론 여러분들 누구든지 할 수 있습니다. 그러나 당신들은 이 방법을 생각해 내지 못했고 나는 생각해 내었습니다. 그리고 생각한 것을 바로 행동으로 보였지요. 신대륙 발견도 이와 마찬가지 이치입니다."

1 콜롬버스는 달걀을 어떤 방법으로 세웠습니까?

2 콜롬버스가 신대륙을 발견할 수 있었던 까닭은 무엇일지 생각해서 쓰시오.

국어도 풀고, 사회도 풀고, 과학도 풀고

생각의 뿌리가 달라야 합니다!

뿌리 깊은 나무는 바람이 아니 뮐세

꽃됴코 여름 하나니

샘이 깊은 물은 가마래 아니 그칠세

내히 이러 바라래 가나니

— 《용비어천가》 제2장

뿌리가 깊이 박힌 나무는 북풍한설 찬바람에도 잘 버틸 수 있습니다. 거추장스러운 이파리도 어줍잖게 풋 익은 열매도 다 버리고 뿌리로만 견딥니다. 얕은 뿌리로는 견딜 수 없습니다.

교육도 마찬가지입니다. 스스로 생각할 수 있는 튼튼한 뿌리를 만들어 주어야 묻고 반응하고 비판하는 능력도 커지고 문제 해결 능력도 커지는 것입니다. 《바깔로레아 교과 논술》은 아이들이 생각의 뿌리를 내릴 수 있는 알맞은 토양을 만들어 주기 위해 노력하고 있습니다. 생각의 뿌리가 튼실하게 내리지 못한 채 책을 읽고, 글을 쓰는 것은 모래 위에 집을 짓는 것과 같습니다.

《바깔로레아 교과 논술》은 스스로 자기 생각의 크기를 키워 나가는 아이, 막힐수록 더욱 성취동기가 불타올라 꼭 알아내야만 직성이 풀리는 아이, 선생님이 불러 주는 대로 받아쓰기만 하는 아이가 아니라 선생님 이야기에서 생각의 실마리를 얻어 끊임없이 질문하고 생각하는 아이가 될 수 있도록 아이들의 뿌리를 생각하겠습니다. 그리고 열매는 아이들과 학부모님의 몫으로 온전히 돌려 드리겠습니다.

지은이 **서울대 국어교육학 박사 박학천**

- 국어·사회·과학 + 독서·논술·토론 통합프로그램입니다.
- 쉽고 부담 없는 자료를 편하게 따라만 가면 저절로 사고력, 독해력, 이해력이 자라는 검증된 프로그램입니다.

단원별 학습 목표 및 구성

week 01
발상사고혁명

실질적인 〈발상·사고〉 훈련
- 고정 관념을 깨고, 개성적인 사고를 기릅니다.
- 스스로 질문하고 비판하는 시각과 자세를 기릅니다.

week 02
교과서 논술 01

〈국어 능력〉 심화 학습
- 국어 교과서 선행 학습으로 단원의 핵심을 이해합니다.
- 수행평가, 서술형·논술형 문항으로 국어과 학습 능력을 키웁니다.

※ 교과서 활용 : 『듣기·말하기』/『읽기』

week 03
독서 클리닉

실질적인 〈읽기 능력〉 향상 훈련
- 억지로 읽기보다는 읽는 맛과 재미를 알려 줍니다.
- 비판적 읽기, 개성적 읽기로 글을 보는 안목을 키웁니다.

week 04
교과서 논술 02

〈국어 능력〉 심화 학습
- 국어 교과서 선행 학습으로 단원의 핵심을 이해합니다.
- 수행평가, 서술형·논술형 문항으로 국어과 학습 능력을 키웁니다.

※ 교과서 활용 : 『듣기·말하기』/『읽기』

거북이 정도는 문제 없어!

week 05
영재 클리닉 01

〈사회 교과서〉를 활용한 영재 심화 학습
- 통합 교과 시대를 대비, 사회과 학습 테마를 논술로 연결시켜 쉽고 재미있게 초중고 학습 과정의 주요 주제와 쟁점을 알려 줍니다.

※ 교과서 활용 : 『사회』

week 06
교과서 논술 03

〈국어 능력〉 심화 학습
- 국어 교과서 선행 학습으로 단원의 핵심을 이해합니다.
- 수행평가, 서술형·논술형 문항으로 국어과 학습 능력을 키웁니다.

※ 교과서 활용 : 『듣기·말하기』 / 『읽기』

week 07
영재 클리닉 02

〈과학 교과서〉를 활용한 영재 심화 학습
- 통합 교과 시대를 대비, 과학과 학습 테마를 논술로 연결시켜 쉽고 재미있게 초중고 학습 과정의 주요 주제와 쟁점을 알려 줍니다.

※ 교과서 활용 : 『과학』

week 08
논술 클리닉

〈쓰기 교과서〉를 활용한 논술 훈련!
- 쓰기 교과서로 쓰기 학습 능력을 키운 후, 생활문에서 본격 논술까지 자신 있게 자신의 견해를 글로 표현하도록 유도합니다.

※ 교과서 활용 : 『쓰기』

차례

발상사고혁명	나무를 지나 숲을 보자	05
교과서 논술 01	상황에 맞게 표현해요	13
독서 클리닉	아이에서 어른으로	23
교과서 논술 02	정보의 바다에서 보물을 건져요	33
영재 클리닉 01	대중 문화 속으로	43
교과서 논술 03	제안을 해 보아요	53
영재 클리닉 02	열 전달과 우리 생활	63
논술 클리닉	작은 배려가 세상을 바꿔요	71
신통방통 서술형 논술형	국어 술술 사회 술술 과학 술술	81

책 속의 책 | **GUIDE & 가능한 답변들**

02 고르디아스의 매듭을 끊은 알렉산더

고대 그리스에 새로운 왕은 수레를 타고 온다는 전설이 있었습니다. 어느 날 농부였던 고르디아스가 수레를 타고 나타나자 사람들은 전설에 따라 그를 프리기아라는 나라의 왕으로 세웠습니다. 그러자 고르디아스는 감사의 뜻으로 자신의 수레를 신전에 바치면서 나무 껍질로 단단히 매듭을 지어 놓았습니다. 그리고 먼 뒷날 매듭을 푸는 사람이 아시아의 지배자가 될 것이라는 예언을 남겼습니다. 그때부터 많은 사람들이 그 매듭을 풀어 보려 했지만 워낙 복잡하게 얽혀 있어 모두 실패했습니다.

세월이 흐르고 알렉산더 대왕이 군대를 이끌고 프리기아에 왔을 때, 그 매듭을 보았고 매듭과 관련된 예언을 들었습니다. 알렉산더 대왕은 매듭을 풀려고 아무리 애써도 풀 수가 없자, 칼을 뽑아 매듭을 잘라버렸습니다. 그리고 알렉산더 대왕은 예언대로 아시아를 지배하는 왕이 되었습니다. 그러나 매듭이 여러 조각으로 나뉜 것처럼 그가 정복한 땅도 여러 지역으로 나뉘었습니다.

1 고르디아스가 남긴 예언은 무엇입니까?

2 알렉산더 대왕은 '고르디아스의 매듭'을 어떻게 풀었습니까?

3 알렉산더 대왕의 행동에 대한 내 의견을 쓰시오.

03 느린 엘리베이터 문제를 해결한 청년

오래된 건물이 한 채 있었습니다. 이 건물에는 아주 느린 엘리베이터가 있었습니다. 이 건물을 이용하는 사람들은 느린 엘리베이터를 탈 때마다 화가 났습니다.

"아휴, 이 느려 터진 엘리베이터. 차라리 걸어 다니는 게 빠르겠네."

사람들이 분통을 터뜨릴 때마다 주인의 근심도 커져만 갔습니다.

"아휴, 나도 빠른 엘리베이터로 바꾸고 싶어. 그렇지만 돈이 한두 푼 드는 것도 아니니 이를 어쩌면 좋지?"

그러던 어느 날 주인은 건물을 청소해 주는 청년에게 고민을 이야기했습니다.

"엘리베이터가 느려서 사람들이 매일 불만을 토로하니 살 수가 없구먼."

그 이야기를 들은 청년은 뭘 그런 걸 고민하냐는 듯 웃으며 말했습니다.

"아주머니, 걱정 마세요. 제가 해결해 드릴게요."

그리고 청년은 바로 엘리베이터 안에 큰 거울을 달아 놓았습니다. 그날 저녁 엘리베이터에 탄 사람들은 어느 누구도 엘리베이터가 느리다고 불평하지 않았습니다. 사람들은 새로 설치한 거울에 비친 자신의 모습을 보느라 엘리베이터가 느리다는 사실을 잊게 된 것입니다. 그리고 그 뒤로 느린 엘리베이터에 대한 불만은 싹 사라졌습니다.

1 이 글에서 건물 주인의 고민은 무엇입니까?

2 청년은 건물 주인의 고민을 어떻게 해결해 주었습니까?

04 이중 콘센트를 발명한 마쓰시타 고노스케

가난한 집에서 초등학교도 졸업하지 못하고 자란 마쓰시타 고노스케는 스무 살이 넘어 작은 전기용품 가게를 열게 된다.

전기용품 가게라 이름 붙일 수도 없을 만큼 작은 공간에 전선, 소켓, 플러그 등을 가져 두고 팔았다. 그러나 성실성 하나는 타고난 그였으니 장사는 제법 되었다. 그러던 어느 날, 전기 수리를 하러 어느 집을 방문했다. 마쓰시타 고노스케는 그 집에서 자매가 싸우고 있는 것을 보았다.

"전기 인두 꽂아서 머리 할 거야!"

"난 전등 꽂아서 책 볼 거야."

그 당시만 해도 콘센트는 무조건 하나였다. 그러다 보니 서로 다른 전기 제품을 사용하고 싶을 때는 이러한 싸움이 일어나기 일쑤였다. 서로 싸우는 자매를 뒤로 하고 돌아온 마쓰시타는 깊은 생각에 잠겼다. '콘센트가 두 개면 어떨까?' 그 생각이 떠오른 순간부터 마쓰시타의 머릿속에는 콘센트 생각뿐이었다. 그는 바로 연구를 시작하여 이중 콘센트를 만들어 냈다. 그가 만든 이중 콘센트는 날개 달린 듯 팔려 나갔고, 대리점을 하고 싶어 하는 사람들도 몰려들었다. 마쓰시타의 두 평짜리 가게는 1년 사이에 '마쓰시타 전기 산업'으로 바뀌게 되었다. '마쓰시타 전기 산업'은 파나소닉과 내쇼날 브랜드를 가진 세계 20위 다국적 기업 '마쓰시타 그룹'이 되었다.

90세의 마쓰시타 고노스케는 한 인터뷰에서 기업가로서 존경과 부를 함께 얻은 비결을 묻자, 이렇게 말했다.

"첫째, 집이 몹시 가난했기 때문에 어릴 적부터 구두닦이, 신문팔이를 하며 고생을 하는 사이에 세상을 살아가는 데 필요한 많은 경험을 쌓을 수 있었다. 둘째, 태어났을 때부터 몸이 몹시 약해 항상 운동에 힘써 왔기 때문에 늙어서도 건강하게 지낼 수 있게 되었다. 셋째, 초등학교도 못 다녔기 때문에 세상의 모든 사람을 다 스승으로 여기고 누구에게나 물어 가며 배우는 일을 게을리하지 않았다."

1 마쓰시타가 이중 콘센트를 발명하게 된 계기는 무엇입니까?

05 포스트잇이 세상에 나오게 만든 프라이

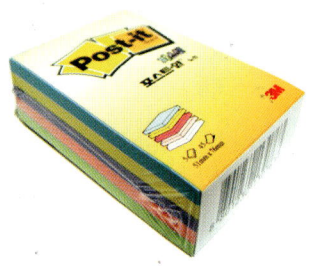

3M사에 근무하던 아트 프라이는 1974년 어느 일요일 성가대에서 찬송가를 부르고 있었다. 그는 찬송가 책에서 원하는 페이지를 찾기 위해 책갈피 사이에 종이 쪽지를 끼워 놓곤 했다. 그런데 마침 그날 찬송가 책을 넘기다가 종이 쪽지를 바닥에 떨어뜨리게 되었다. 그래서 그는 일일이 책을 뒤적거려야만 했다.

그때 같은 회사 동료가 개발한 접착제 중에 접착력이 떨어져 폐기 처분한 것이 있다는 것이 떠올랐다. 그것을 이용하면 책에 붙여 두었다가 떼어도 책에 아무런 자국도 남지 않을 거란 생각을 해낸 것이다.

다음날 회사로 출근한 그는 생각을 바로 실천에 옮겼다. 쓸모없어 버려졌던 접착제의 용도를 되찾는 시도를 시작한 것이다. 생각만큼 쉽진 않았지만 그 일에 1년쯤 매달린 프라이는 결국 성공해 냈고, 그 메모 용지는 제품화 되었다.

1977년부터 시판된 그 제품은 놀라운 속도로 팔렸는데, 그것이 바로 지금 우리가 사용하는 포스트잇이다.

1 나는 주로 어떤 용도로 포스트잇을 사용하고 있습니까?

_____

_____

_____

2 실패한 제품이었던 접착제가 포스트잇이라는 성공 제품이 된 것에 대한 내 생각을 쓰시오.

_____

_____

06 그림에 대한 생각을 바꾼 피카소

피카소는 프랑스의 박물관에서 고대 인디언과 아프리카 흑인들의 예술품을 보고 충격을 받았다. 그들의 예술품 속에서 단순하지만 순수한 그림 형식들을 발견한 것이다. 박물관에서 돌아온 피카소는 몇 달 동안 작업실에서 한 발짝도 나오지 않고 그림을 그렸다. 여름이 지나고 피카소는 친구들을 초대했다. 피카소의 그림을 본 친구들은 못 볼 것을 봤다는 듯이 놀라며 "여보게 피카소, 이걸 그림이라고 그렸나?"라고 말했다. 피카소의 그림 속에는 벌거벗은 여인들이 기괴한 모습으로 그려져 있었기 때문이다. 그 그림이 바로 '아비뇽의 아가씨들'이다. '아비뇽의 아가씨들'은 전혀 아름답지 않았지만, 그 그림에 대한 피카소의 생각은 달랐다. 피카소는 세상에 있는 모든 것을 있는 그대로, 보이는 그대로 옮겨 놓으려면 그림을 그릴 필요가 없다고 생각했다. 피카소는 그림이란 단지 보는 것을 그대로 그리는 것이 아니라, 자신의 생각을 나타낼 수 있어야 한다고 믿었던 것이다.

▲ 아비뇽의 아가씨들

1 친구들이 피카소의 그림을 보고 놀라며, 비웃은 까닭은 무엇입니까?

2 피카소는 그림을 어떻게 그려야 한다고 생각했습니까?

3 피카소 같은 예술가가 예술 세계에 끼치는 영향에 대해 이야기해 보시오.

둥글둥글 생각을 열어 봐요

동전을 통과시켜라

아래 그림처럼 사각형 종이 가운데 정확하게 100원짜리 동전 크기의 구멍이 뚫려 있습니다. 종이를 찢지 않고서 이 구멍으로 500원짜리 동전을 통과시키려고 합니다. 어떻게 하면 될까요?

시소는 어디로 기울어질까?

아래 그림처럼 시소 양 끝에 같은 무게의 수박과 얼음이 올려져 있습니다.

때는 무더운 여름 한낮입니다. 30분이 지난 후에 시소는 과연 어느 쪽으로 기울어져 있을까요?

• 기울어지는 쪽 : _____

• 이유 : _____

교과서 논술 01

상황에 맞게 표현해요

『듣기·말하기·쓰기』·『읽기』_ 4. 이럴 때는 이렇게

상황에 맞게 룰 루랄라~

01 이야기의 내용 간추리기

듣기 말하기 교과서 60~65쪽 | 학습 목표 : 소개하는 말을 듣고 적극적으로 반응하는 방법을 알 수 있다.

1 정우는 민준이가 자기를 소개했을 때 어떤 반응을 보였습니까? ( )

① 웃었다.
② 화를 냈다.
③ 반갑다고 말했다.
④ 반갑게 악수를 했다.
⑤ 시큰둥하게 공만 쳐다보았다.

2 민준이가 ㉡과 같이 생각한 까닭은 무엇입니까?

_____

※ 다음 글을 읽고, 물음에 답하시오.

"형님들, 내가 길에서 뭘 주웠는지 보세요."
"㉠맙소사, 그거 죽은 까마귀 아냐? 그걸 가지고 대체 뭘 하려는 거야?"
"공주님께 바칠 거예요."
"㉡이런 바보! 공주님이 그 따위 걸 받을 것 같아?"
형들은 한스를 비웃으며 앞서 갔어요.
어느새 한스가 형들의 뒤를 쫓아오며 잔뜩 흥분된 목소리로 외쳤어요.
"형님들, 이거 봐요."
한스는 낡은 나막신을 형들에게 보여 주었어요.
"㉢어휴, 그 낡아 빠진 나막신을 공주님에게 바칠 셈이냐? 넌 참 쓸데없는 짓만 하는구나."
형들은 고개를 절레절레 젓더니 말을 몰고 앞질러 가 버렸어요.
"형님들 이것 봐요. 내가 정말 굉장한 걸 찾았어요."
"㉣으악, 이건 도랑에서 건진 진흙이잖아? 아휴, 더러워!"
"이 진흙이 얼마나 보드라운데요."
두 형들은 한스가 한심하다는 듯 혀를 차며 가 버렸어요.

1 형들은 한스가 말을 할 때 어떤 반응을 보였습니까?

2 만약 형들이 한스를 사랑하는 착한 형들이라면 ㉠~㉣ 대사가 어떻게 바뀔지 상상하여 쓰시오.

㉠

㉡

㉢

㉣

02 일의 방법을 파악하라

> 읽기 | 교과서 69~73쪽 | 학습 목표 : 글에 나타난 표현의 특징을 비교하며 글을 읽을 수 있다.

(가) 고인돌을 왜 만들었을까요?

● **글의 특징** 설명하는 글
● **중심 생각** 고인돌의 뜻과 이름과 유래, 고인돌을 만든 까닭을 설명하는 글이다.

고인돌은 무게가 수십 톤이 넘는 거대한 돌무덤입니다. 족장이나 지배자의 무덤으로 알려져 있는 고인돌은 큰 돌을 받치고 있는 '굄돌' 또는 '고임돌'에서 그 이름이 유래하였습니다. 고인돌은 우리나라뿐만 아니라 유럽과 북아프리카의 여러 나라, 인도, 중국, 일본 등에서도 볼 수 있는 유적으로, 고인돌을 부르는 이름도 여러 가지입니다.

거대하고 웅장한 고인돌을 세우려면 몇백 명이 힘을 합쳐야 합니다. 옛사람들에게는 무척 힘든 일이었을 것입니다. 그런데 이렇게 큰 돌을 옮겨 무덤을 만든 까닭은 무엇일까요?

㉠ ┌ 무거운 돌로 거대한 무덤을 만든 가장 큰 까닭은 무덤에 묻힌 지배자의 권력을 강조하기 위해서입니다. 고인돌의 규모가 클수록 그곳에 묻힌 지배자의 권력이 강하다는 것을 나타냅니다. 권력을 가진 족장의 후계자는 죽은 족장의 무덤을 거대하게 만들어, 부족 사람들에게 조상을 숭배하는 전통을 자연스럽게 알림으로써 └ 자신의 힘을 과시하기도 하였습니다.

고인돌의 역할은 그뿐만이 아니었습니다. 고인돌은 이웃 마을과의 경계를 표시하고, 마을의 힘을 드러내기도 하였습니다. 고인돌을 만들기 위해서는 적어도 수십에서 수백 명의 사람이 고인돌에 쓰일 돌을 옮겨 와야 합니다. 그래서 고인돌이 크다는 것은 그 부족의 인구가 많다는 것을 뜻하고, 그만큼 부족의 힘이 강하다는 것을 나타냅니다.

그리고 고인돌은 신앙과 숭배의 대상이 되기도 하였습니다. 옛사람들은 자연환경에 많은 영향을 받았습니다. 영원히 죽지 않는 거대한 바위를 강한 생명력과 특별한 힘을 지니고 있는 존재로 믿었을 것입니다. 그래서 죽은 사람의 혼령이 바위에서 편히 쉴 수 있을 것이라고 생각하였습니다.

이러한 상징과 의미를 지닌 바위를 이용하여 만든 고인돌은 죽은 사람의 혼령이 쉬는 곳이자, 혼령이 살아 있는 사람에게 끼칠 수 있는 위험을 막는다는 뜻도 담고 있습니다. 옛사람들은 고인돌을 주변보다 높은 곳에 만들어서 제사를 지내는 장소로 쓰기도 하였습니다.

(나) 보고 싶은 서윤이에게

서윤아, 그동안 건강하게 잘 지냈니?

난 얼마 전에 현장 체험 학습으로 고인돌을 보고 왔어. 어른 키보다 더 큰 고인돌을 보고 놀랐단다. 그래서 고인돌에 대한 책을 찾아 읽어 보았어. 재미있고 신기한 내용이 많아 너에게도 소개하고 싶어.

넌 고인돌이 옛 족장들의 돌무덤이라는 걸 알고 있었니? 고인돌은 '돌을 고여 놓은 무덤'이라는 뜻이래. 그 당시 사람들이 왜 무거운 돌로 무덤을 만들었는지 궁금하지? 지배자의 권력과 부족의 힘을 나타내기 위하여 거대한 고인돌을 만들었대. 그러고 보면 고인돌이 옛사람들의 공동체 정신을 나타내고 있네. 돌 하나에도 이런 뜻을 담다니, 옛사람들은 참 지혜로워. 그 밖에도 고인돌을 만든 재미있는 까닭이 많더라. 다음에 만나서 꼭 이야기해 줄게.

서윤아, 보고 싶다. 언젠가 너와 함께 고인돌을 보러 가면 좋겠다. 다시 만날 때까지 잘 지내. 안녕.

20○○년 ○○년 ○○일
진선이가

1 이 글에서 설명하고 있지 <u>않은</u> 것은 어느 것입니까? ( )

① 고인돌의 뜻
② 고인돌 이름의 유래
③ 고인돌을 만든 까닭
④ 고인돌을 유지하는 방법
⑤ 사람들이 고인돌을 숭배한 까닭

2 ㉠ 부분은 무엇에 대해 설명하고 있습니까?

_____

3 글 (가)와 (나)의 글의 종류를 각각 쓰시오.

(가) _____   (나) _____

4 글 (가)와 (나)의 특징으로 알맞지 <u>않은</u> 것은 어느 것입니까? ( )

① 글 (나)는 친근한 느낌이 든다.
② 글 (가)는 높임말을 사용하였다.
③ 글 (나)는 예사말을 사용하였다.
④ 글 (가)는 '걸', '이런' 처럼 준말을 사용하였다.
⑤ 글 (가)는 정해지지 않은 대상에게 정보를 주는 글이다.

5 '고인돌을 왜 만들었을까?' 라는 주제로 글을 쓸 때, 글 (가)와 (나) 중 어떤 종류의 글로 쓰는 것이 더 효과적이라고 생각하는지 정하고, 그 까닭을 쓰시오.

☐ 글 (가) 같은 종류의 글로 쓰는 것이 효과적이다.
☐ 글 (나) 같은 종류의 글로 쓰는 것이 효과적이다.

• 그 까닭 : _____

_____

정의의 여신은 왜 저울을 들고 있을까?

정의의 여신은 두 눈을 감고 오른 손에는 저울을, 왼손에는 칼을 들고 있습니다.

정의의 여신이 눈을 감고 있는 이유는 눈을 뜨고 있으면 재판을 받을 사람이 아는 사람인지 모르는 사람인지, 부자인지 가난한지, 여자인지 남자인지 볼 수 있습니다. 그러면 마음이 흔들릴 수 있습니다. 정의의 여신이 눈을 감고 있는 것은 누구에게나 공평하게 재판을 한다는 뜻을 담고 있습니다.

또한 정의의 여신이 저울을 들고 있는 이유는 옳고 그름을 무게로 달아서 눈금이 가리키는 대로 결정을 하겠다는 의미입니다. 그리고 칼을 들고 있는 이유는 의롭지 못한 것을 보았을 때 칼로 심판하겠다는 뜻입니다.

1 이 글은 정의의 여신을 설명하는 글입니다. 이 글을 다음 조건에 맞게 편지글로 바꿔 쓰시오.

[조건]
1. 편지글 형식 (받는 사람, 첫 인사, 할 말, 날짜, 보내는 사람)에 맞게 씁니다.
2. 문장의 끝을 '~해, ~어. ~ 단다. ~니?'와 같이 예사말을 사용합니다.

03 적절한 표현을 찾아라

읽기 | 교과서 77~84쪽 | 학습 목표 : 표현이 적절한지 생각하며 글을 읽을 수 있다.

바보 이반

🍃 글의 종류 동화
🍃 중심 생각 착하고 정직한 사람이 복을 받는다.

톨스토이

먼 옛날, 어느 나라에 부유한 농부가 살고 있었다. 이 농부에게는 세몬, 타라스, 이반이라는 세 아들이 있었다. 큰아들 세몬은 군인이 되어 전쟁터에 나갔고, 둘째 아들 타라스는 장사를 배우러 떠났다. 셋째 아들인 이반은 집에 남아 농사일을 열심히 하였다.

이반은 바보였지만 마음씨가 착하고 부지런하여, 늙은 말 한 마리로 농사를 지으며 부모님을 모셨다. 세몬과 타라스는 돈이 필요할 때마다 찾아와 이반 몫으로 남겨진 재산을 나누어 달라고 하였다. ㉠<u>이반은 언제나 망설임 없이 형들에게 재산을 나누어 주라고 아버지께 말씀드렸다.</u>

이반과 형들이 재산을 나누는 것을 지켜본 세 도깨비가 있었다. 도깨비들은 이반과 형들이 사이좋게 지내는 것이 못마땅하였다.

"너희들 봤지? 이반의 형들은 욕심쟁이인데도 이반은 형들과 싸우려고 하지 않아. 어떻게 하면 싸우게 할 수 있을까?"

도깨비들은 이반과 형들에게 각각 붙어 형제가 서로 싸우게 만들기로 하고 헤어졌다. 세몬에게 붙은 도깨비는 세몬에게 허황된 용기를 불어넣어 전쟁을 하게 만들었다. 세계를 정복하겠다던 세몬은 도깨비의 방해로 전쟁에서 지고, 밤중에 몰래 도망쳤다. 타라스에게 붙은 도깨비는 터무니없는 욕심을 불어넣어 타라스가 남의 재산을 무조건 사들이게 하였다. 빚까지 얻어서 물건을 사들이다가 빚을 갚을 수 없게 된 타라스도 몰래 도망쳤다. 세몬과 타라스는 아버지의 집으로 도망쳐 와서 이반에게 말하였다.

"이반, 새로운 자리가 생길 때까지 우리가 여기서 살아야겠다."

"그렇게 하세요."

선선하게 승낙한 이반은 묵묵히 일을 하며 형들을 먹여 살렸다.

삼 형제를 모여 살게 만든 뒤, 도깨비들이 모여서 그동안 있었던 일을 이야기하였다. 그런데 이반에게 붙어 있던 도깨비는 일이 잘 풀리지 않는다고 투덜거렸다.

"미안해. 이반 녀석이 밭을 갈지 못하게 하려고 하였지만, 어찌나 부지런한지 당할 수가 없어. 배를 아프게 만들어도 열심히 일만 해."
"그래? 좋아! ⓒ그럼 우리가 도와드릴게."
다른 두 도깨비도 이반의 일을 방해하기로 하였다.

1 ㉠을 통해 알 수 있는 이반의 성격은 어떠합니까?　　　　(　　　)

① 정직하다.
② 부지런하다.
③ 불만이 많다.
④ 마음씨가 착하다.
⑤ 거짓말을 잘한다.

2 도깨비들은 이반과 형들을 어떻게 만들기로 하였는지 쓰시오.

_____

3 도깨비들은 세몬과 타라스를 어떻게 만들었는지 각각 쓰시오.

• 세몬 : _____

• 타라스 : _____

4 이반에게 붙은 도깨비는 왜 투덜거렸습니까?　　　　(　　　)

① 이반이 일을 하지 않아서
② 이반이 약속을 안 지켜서
③ 이반을 방해하기가 어려워서
④ 이반이 도깨비들을 골탕먹여서
⑤ 이반이 형들의 빚을 갚아 주어서

5 ⓒ을 예사말로 바르게 고쳐 쓰시오.

_____

03 적절한 표현을 찾아라

이반은 늘 열심히 일만 하였다. 그러던 어느 날, 공주의 병을 고치지 못하여 온 나라가 근심에 싸였다는 소식을 듣게 되었다. 임금님은 공주의 병을 고쳐 주는 사람과 공주를 결혼시키겠다고 방을 붙였다.

이반의 부모님은 이반을 불렀다.

"이반, 모든 병을 고친다는 약초를 가지고 가서 공주의 병을 고치렴. 그러면 너는 공주와 결혼하게 돼."

"네, ㉠아버지. 그럼 다녀올게."

이반은 약초를 들고 궁전을 향하여 길을 떠났다.

길을 가던 이반은 길가에 쓰러져 있는 개 한 마리를 보았다. 이반은 아픈 개가 불쌍하여 약초 하나를 먹게 하였다. 개는 금세 일어나 고맙다는 듯이 꼬리를 흔들었다.

또, 한참을 걷던 이반은 등이 굽은 노인을 보았다.

"할아버지, 어디 편찮으세요?"

"배가 아파서 허리를 펼 수 없어."

이반은 할아버지가 불쌍하여 마지막 남은 약초를 주고 말았다.

이반이 궁전에 도착하였지만 이반의 손에는 약초가 없었다. 어여쁜 공주를 본 이반은 싱글벙글 웃기만 하였다.

'어쩌면 웃는 모습이 저렇게 천진할까!'

벙글거리는 이반을 보자 신기하게도 공주의 병이 싹 나았다. 임금님은 크게 기뻐하며 이반과 공주를 결혼시켰다.

6 밑줄 친 ㉠에서 절절하지 못한 표현을 찾아 바르게 고쳐 쓰시오.

(   ) → (   )

7 이반은 공주의 병을 고치라고 준 약초를 어떻게 썼습니까?

_____

8 공주의 병이 어떻게 싹 나았는지 말해 보시오.

독서클리닉

아이에서 어른으로

토끼도 주름이 생길까?

《피터 팬》 생각하며 읽기

영원히 늙지 않는 것 과연 좋은 일일까요?

아이에서 어른으로

 **어른이 되고 싶지 않아**

"이 아이가 크면 무엇이 될까?"

피터는 어렸을 때 부모님이 이런 말씀을 하시는 것을 듣고는 몰래 창문으로 도망쳐 나왔습니다. 자라고 싶지 않았기 때문입니다. 그리고는 켄징턴 공원의 못 속에 있는 섬으로 날아갔습니다. 피터는 그 곳에서 즐거운 시간을 보냈습니다. 피터가 꼭 한 번 어머니에게 돌아가 본 적이 있었습니다. 창문이 열려 있어서 그리로 뛰어들어가 보니 어머니는 주무시고 계셨습니다. 피터는 침대 곁에 앉아 어머니의 얼굴을 들여다보았습니다. 아름다운 얼굴이었지만, 어쩐지 슬픈 기운이 감돌고 있었습니다. 피터는 어머니의 얼굴에 슬픔이 담겨 있는 까닭을 알고 있었습니다. 그것은 자신이 떠났기 때문이었습니다.

"그래, 한 번만 더 섬에 가서 지내다가 돌아와야지."

피터는 이렇게 중얼거리고 섬으로 날아갔습니다. 그러다가 섬에서 몇 해를 행복하게 보냈습니다. 그리고는 작은 새와 요정들에게 작별 인사를 하고 어머니에게 날아왔습니다.

그런데 열려 있어야 할 창문은 굳게 닫혀 있었습니다. 피터가 안을 들여다보니, 어머니는 귀여운 아기를 안고 행복한 얼굴로 주무시고 계셨습니다.

"엄마, 저예요. 피터예요!"

큰 소리로 불러 보았지만 어머니에게는 들리지 않았습니다. 피터는 창문을 흔들다가 어쩔 수 없이 섬으로 되돌아갔습니다. 그래서 피터는 섬 사람이 되어 버리고 만 것입니다.

1 피터가 몰래 창문으로 도망간 이유는 무엇입니까?

2 처음 피터가 집으로 돌아왔을 때 창문이 열려 있었던 이유는 무엇이겠습니까?

3 피터가 다시 섬으로 돌아가 아예 섬에서 살게 된 이유는 무엇입니까?

4 피터처럼 어른이 되고 싶지 않다고 생각을 한 적이 있다면 어떤 경우에 그러했는지 이유와 함께 쓰시오.

5 피터처럼 영원히 늙지 않은 채로 살 때의 좋은 점과 나쁜 점을 생각해서 쓰시오.

좋은 점	나쁜 점

02 어머니가 된 웬디

"웬디 아가씨, 부디 우리들의 어머니가 되어 주세요."
"어머니가 되어 달라고?"
웬디는 얼굴을 붉히며 말했습니다.
"난 어머니가 되어 본 적이 없는걸."
"괜찮아. 그냥 어머니처럼 우리들에게 상냥하게만 대해 주면 돼."
피터가 말했습니다.
"그래? 그렇다면 한번 해 볼게. 자, 모두들 안으로 들어와. 재미있는 이야기를 들려줄게."

아이들은 줄줄이 안으로 들어갔습니다. 웬디는 아이들에게 이야기를 들려주고, 큰 침대 속에 아이들을 뉘어 잠을 재웠습니다.

피터는 칼을 뽑아 들고 밤새도록 집 앞에서 망을 보았습니다. 혹시라도 해적이 나타나거나 이리들이 나타날까 봐 걱정이 되었기 때문입니다.

이튿날 피터는 웬디와 존과 마이켈이 땅 속의 집에 들어올 수 있도록 세 개의 출입문을 만들었습니다. 다른 아이들은 각자 자기들의 몸에 꼭 맞는 출입문을 갖고 있었습니다. 웬디 역시 자기만의 출입문으로 두레박처럼 오르내릴 수 있게 되었습니다. 이 땅 속의 집에는 큰 방이 단 하나 있을 뿐이었습니다. 방 한복판에는 나무 한 그루가 있었습니다. 아이들은 아침마다 그 나무의 밑둥을 자르지만, 차를 마실 무렵이 되면 그 위에 문짝을 놓고 테이블로 썼습니다. 조그만 버섯은 의자로 썼습니다.

웬디는 아침부터 밤까지 아이들의 밥을 짓거나 빨래를 하며 하루 종일 쉬지 않고 일했습니다. 아이들이 잠든 뒤에도 난로 옆에서 바지를 깁거나 양말 구멍을 꿰매거나 했습니다.

그러던 어느 날이었습니다. 아이들은 호숫가에서 놀다가 커다란 케이크를 발견했습니다. 설탕을 듬뿍 친 아주 맛있어 보이는 케이크였습니다. 아이들은 기뻐하며 케이크를 먹으려고 하였습니다. 그것을 본 웬디가 큰 소리로 말했습니다.

"안 돼, 안 돼. 길에 있는 것을 먹

으면 못써요."
　웬디는 엄하게 타이르고 입에 넣으려던 케이크를 손으로 쳐서 떨어뜨렸습니다. 그것은 해적 후크가 독을 넣어 만든 케이크였습니다. 아이들은 어머니인 웬디 덕분에 목숨을 건질 수 있었던 것입니다.

1 어머니가 된 웬디가 어머니로서 한 역할을 쓰시오.

2 웬디가 1번과 같이 행동한 까닭은 무엇이겠습니까?

3 어린이와 달리 어른이 되면 무엇을 책임져야 할지 쓰시오.

03 어른들은 모르는 게 있어

"피터, 왜 그래?"
웬디가 물었습니다.
"웬디의 이야기가 잘못 되어서 그래. ㉠어머니는 웬디가 생각하고 있는 것처럼 인자하고 상냥한 사람이 아니야."
아이들은 깜짝 놀라 피터 주위에 모였습니다. 피터는 지금까지 아무에게도 하지 않았던 이야기를 했습니다.
"전에는 나도 웬디처럼 어머니가 언제나 창문을 열어 놓고 내가 돌아오기를 기다려 주리라고 생각했어. 하지만 한참만에 집에 돌아가 보니 창문이 꽉 닫혀 있잖아. 게다가 자물쇠까지 채워져 있었지. 어머니는 나를 깨끗이 잊어버린 거야. 그리고 내 침대에는 다른 조그만 남자 아이가 자고 있었어."

아이들은 피터의 이야기를 듣고 걱정이 되어 물었습니다.
"피터, 어머니란 정말 그런 사람이야?"
"그렇다니까."
피터는 힘주어 말했습니다.

1 피터가 ㉠처럼 생각한 이유는 무엇입니까?

_____
_____

2 나도 피터처럼 부모님께 서운한 점이나 불만이 있는지 생각해서 쓰시오.

_____
_____

04 영원히 늙지 않는 피터 팬

"아, 꿈이 아니었구나!"

어머니는 너무 기뻐 눈물을 흘리며 세 아이를 꼭 끌어안았습니다. 그 소리에 아버지도 잠이 깨어 나왔습니다. 나나도 달려왔습니다. 그들은 서로 부둥켜안고 기뻐했습니다.

피터는 창문 밖에서 이 모습을 지켜보고 있었습니다. 피터는 다른 아이들이 알지 못하는 멋진 일과 기쁜 일을 많이 알고 있었습니다. 그러나 단 한 가지, ㉠지금 창문 안에 있는 웬디와 아이들의 행복은 언제까지나 알지 못할 것입니다.

웬디는 부모님께 지금까지의 일과 집 잃은 아이들의 일을 이야기했습니다. 웬디의 부모님은 그 아이들과 함께 살 수 있도록 손님 방에 침대를 6개 놓아 주었습니다.

"안녕, 웬디!"

"피터, 가지 마, 우리랑 같이 살아."

"아니, 난 학교에 가거나 회사에 다니고 싶지 않아. 어른이 되기를 원치 않거든."

피터는 웬디 어머니가 잡아도 말을 듣지 않았습니다. 다만 해마다 봄이 되면, 웬디가 꿈의 섬에 가서 일주일 동안 피터와 지내다가 오기로 약속을 했습니다. 웬디네 집의 아이들은 모두 보통 아이가 되어 자랐습니다. 피터는 약속대로 웬디를 찾아왔습니다. 그래서 함께 꿈의 섬으로 가 일주일 동안 즐겁게 지내다가 돌아오곤 했습니다.

세월이 흘러 웬디는 어른이 되었습니다. 결혼을 한 웬디는 제인이라는 여자 아이를 낳았습니다. 웬디는 제인에게 피터의 이야기를 들려주곤 했습니다.

그러던 어느 날 밤이었습니다. 웬디가 제인 옆에서 바느질을 하고 있는데, 피터가 그곳으로 훌쩍 뛰어들어왔습니다. 피터는 변함없이 귀여운 남자 아이였습니다. 피터는 또 웬디를 데리러 왔던 것입니다.

"피터, 난 벌써 어른이 되어 나는 법도 잊어버렸어. 지금 자고 있는 아이가 내 딸이야."

1 어른이 되기를 거부한 피터가 알지 못하는 행복에는 ㉠과 같은 가족 간에 느끼는 행복 외에 어떤 것들이 있을지 쓰시오.

2 웬디와 동생들이 피터처럼 살지 않고 집으로 돌아온 이유는 무엇일지 쓰시오.

3 어른이 된 웬디가 나는 법을 잃어버린 이유는 무엇일지 쓰시오.

4 끝까지 섬에 남은 피터와 집으로 돌아온 웬디를 비교한 후, 나라면 어떤 생활을 선택할지 이유와 함께 쓰시오.

01 피터 팬 신드롬

'피터 팬 신드롬(Peter Pan Syndrome)'이라는 것이 있습니다. '피터 팬' 동화의 주인공 피터 팬이 어른이 되고 싶어 하지 않는 대목에서 비롯된 것으로서 어른이 되지 않으려 하는, 즉 한 사회인으로서 자신과 가족, 자기가 속한 사회에 대한 책임을 지고 싶어 하지 않는 마음을 말합니다.

나이로 볼 때는 이제 어린이에서 청소년으로 자랄 시기인데 언제까지나 어린이로 있고 싶기 때문에 자신의 일을 스스로 하지 않으려 하고 책임 있는 행동을 싫어합니다. 또한 겉으로는 명랑하게 행동하고 있지만 마음속으로는 불안한 마음이 많습니다. 이러한 증상은 여성보다는 남성에게서 많이 보이는데, 이런 남성들은 여성들이 자신을 어머니처럼 돌봐 주기를 원하는 경향이 많습니다.

1 사람들이 피터 팬 신드롬에 걸리는 이유는 무엇이라고 생각합니까?

---

2 피터 팬 신드롬이 자신과 사회에 끼치는 나쁜 영향을 생각해서 쓰시오.

---

3 제대로 된 어른으로 성장하기 위해서는 어떻게 해야 할지 생각해서 쓰시오.

02 어른 VS 어린이

어른들은 숫자를 좋아한다. 새로 사귄 친구 이야기를 할 때면 그들은 가장 중요한 것은 물어보는 법이 없다. 어른들은 "그 애 목소리는 어떻지? 그 애가 좋아하는 놀이는 무엇이지? 그 애는 나비를 수집하니?"라는 말은 절대로 물어보지 않는다. 대신 "나이가 몇이지? 형제는 몇이고? 체중은 얼마지? 아버지 수입은 얼마야?" 하고 묻는다. 그제야 그 친구가 어떤 사람인지 알게 된 줄로 생각하는 것이다. 만약 어른들에게 "분홍빛의 벽돌집을 보았어요."라고 말하면, 그들은 그 집이 어떤 집인지 상상하지 못한다. "십만 프랑짜리 집을 보았어요."라고 말해야만 한다. 그러면 어른들은 "아, 참 좋은 집이구나!" 하고 소리친다.

1 이 글을 읽고, 사람이나 사물을 대할 때, 어른들이 중시하는 것과 아이들이 중시하는 것은 어떻게 다른지 쓰시오.

어른	어린이

2 나는 사람이나 사물을 대하고 판단할 때 무엇을 중시하는지 쓰시오.

_____

_____

정보의 바다에서 보물을 건져요

『듣기·말하기·쓰기』·『읽기』_ 5. 정보를 모아

보물은 나.

01 이해하기 쉽게 발표하기

> 듣기 · 말하기 · 쓰기 ☐ 교과서 80~85쪽 | 학습 목표 : 친구들이 이해하기 쉽게 발표하는 방법을 알 수 있다.

지구 온난화

(가) 지구 온난화의 뜻 : 지구 온난화는 ㉠지표 근처의 ㉡대기와 바다의 평균 온도가 계속 ㉢상승하는 현상입니다. 과학자들은 사람들이 화석 연료를 많이 사용하고 숲을 함부로 파괴하여 지구 온난화가 발생한다고 주장합니다.

(나) 지구 온난화의 ㉣ : 지구 온난화가 심해지면 남극과 북극의 빙하가 녹아 해수면이 높아져 섬나라나 해안 도시는 물에 잠기게 됩니다. 남태평양의 작은 섬나라 투발루는 바닷물이 차올라 사람들이 살 수 있는 땅이 계속 줄어들고 있습니다.
또, 기후가 변화하면서 폭풍, 홍수, 가뭄과 같은 자연재해로 인한 피해가 심해지고 있습니다. 미국에서는 더욱 강해진 허리케인으로 인하여 큰 피해가 발생하였으며, 중국에서는 장대비로 천여 명이 목숨을 잃기도 하였습니다.

1 글 (가)를 중요한 내용이 잘 드러나도록 정리해 보시오.

_____

_____

2 ㉠~㉢을 쉬운 말로 바꾼 것을 찾아 선으로 이으시오.

(1) ㉠ 지표 •   • 올라가는

(2) ㉡ 대기 •   • 지구의 표면

(3) ㉢ 상승 •   • 공기

3 ㉣ 에 들어갈 알맞은 말은 무엇입니까? ( )

① 피해   ② 역할   ③ 의미
④ 방법   ⑤ 유례

무서운 지구 온난화

※ 다음 광고를 보고, 물음에 답하시오.

(가)

(나)

1 (가) 광고에서 하드(얼음과자)는 무엇을 상징하는 것입니까?

_____

2 (나) 광고에서 자유의 여신상이 물에 잠긴 까닭은 무엇입니까?

_____

3 두 공익 광고가 하고자 하는 말은 무엇인지 이야기해 보시오.

02 정보를 얻는 방법 알아보기

읽기 | 교과서 89~93쪽 | 학습 목표: 여러 종류의 자료에서 정보를 얻는 방법을 알 수 있다.

떠나자 갯벌 체험

🍃 **글의 특징** 갯벌에 대하여 여러 가지 자료를 통해 알아본 내용을 발표할 수 있다.

▲ 갯벌

선생님 : 여러분! 갯벌에 대하여 조사해 보았나요? 갯벌 체험을 가기 전에 알아보아야 할 정보가 있을 거예요. 오늘은 갯벌에 대하여 알아본 정보를 친구들 앞에서 발표하여 봅시다. 내가 조사한 내용이나 방법과 비교하며 친구들의 발표를 들어 봅시다.

규영 : 저는 인터넷에서 정보를 찾아보았어요. 인터넷은 검색이 쉽고 자료가 많을 것이라고 생각하였기 때문이에요. '갯벌'이라는 검색어로 정보를 찾으니까 매우 많은 글이 있었어요. 갯벌의 의미를 정확히 알고 싶어 백과사전 검색을 하였어요. 갯벌은 조류나 강물에 의하여 운반된 진흙이 파도가 잔잔한 해안에 오랫동안 쌓여 생기는 평탄한 땅을 말해요. 밀물일 때는 잠기고 썰물일 때는 드러나는 것이 특징이에요.

승혁 : 저는 아버지와 함께 갯벌 체험에 대한 텔레비전 뉴스를 보았어요. 그런데 뉴스를 보고 나서 갯벌 체험에 대한 고민이 생겼어요. 갯벌은 다양한 바다 생물이 살아가고 먹이를 얻는 곳일뿐만 아니라, 새들이 쉬어 가는 곳이래요. 그런데 사람들이 갯벌을 많이 찾으면서 바다 생물들의 터전이 훼손되고 있다는 내용이었어요.

선생님 : 갯벌 체험도 중요하지만, 자연환경을 보호하면서 갯벌 체험을 해야겠지요. 갯벌 체험을 할 때에 갯벌 훼손을 막기 위하여 지켜야 할 점도 알아야겠네요. 갯벌에 대한 다른 정보는 없나요?

수진 : 저는 갯벌 여행에 대한 과학책을 읽고, 갯벌에 가서 조심해야 할 것이 많다는 것을 알게 되었어요. 첫째, 갯벌에서 살고 있는 생물을 소중하게 다루어야 해요. 둘째, 갯벌에 병, 깡통, 비닐, 플라스틱 등을 버리면 안 돼요. 이것

▲ 강화갯벌센터 생태 지도

들은 썩지 않기 때문에 생물이 살아갈 수 없고, 먹이로 잘못 알고 먹는 경우가 있다고 해요. 셋째, 개벌에서 시끄럽게 떠들면 갯벌 생물들에게 피해를 줄 수 있대요. 갯벌 생물들도 조용히 쉬고 싶어 한다는 것을 알았어요.

한서 : 저는 가족과 함께 '강화갯벌센터'에 가 본 적이 있어요. 그곳에는 갯벌 모형이 있는데, 밤게, 도둑게, 칠게, 갯지렁이, 도요새 등 여러 가지 생물이 많이 있어요. 그곳의 생태 지도를 보면 갯벌 생물에 대하여 자세히 나와 있어요. 갯벌은 작은 생물과 철새들을 위한 휴식처로 매우 중요하다는 것도 알았어요. 강화 갯벌에 사는 생물 중에서 천연기념물로 지정된 동물이 있는데, '저어새'라고 하였어요. 강화 갯벌은 세계적으로 우수한 갯벌로, 천연기념물로 지정하여 보호하고 있다고 해요.

선생님 : 여러 종류의 자료에서 정보를 수집하였군요. 찾은 자료가 다양하니까 정보도 다양하네요. 여러 종류의 자료에서 정보를 찾으니까 어떤 점이 좋은가요?

승혁 : 친구들이 다양한 정보를 찾아오니까 갯벌에 대하여 더 잘 알게 되었어요.

수진 : 갯벌에 대하여 여러 가지 정보를 알게 되었으니까 갯벌 체험을 더 잘 준비할 수 있겠어요.

선생님 : 어떤 것에 대하여 알아볼 때에 여러 사람의 생각을 모으거나 여러 가지 자료에서 정보를 얻으면 더 정확하고 좋은 정보를 알 수 있어요. 다양한 방법으로 갯벌에 대하여 조사하고 정보를 주고받았으니까 더욱 알차고 유익한 갯벌 체험이 되도록 합시다.

1 규영이가 갯벌에 대한 정보를 인터넷에서 찾은 까닭은 무엇입니까? ( )

① 사진을 볼 수 있기 때문에
② 검색이 쉽고 자료가 많기 때문에
③ 직접 체험을 해 볼 수 있기 때문에
④ 전문가들이 쓴 믿을 만한 정보이기 때문에
⑤ 연대별로 갯벌에 대한 정보가 정리되어 있기 때문에

2 갯벌의 의미는 무엇인지 ☐에 들어갈 알맞은 말을 쓰시오.

> 갯벌은 조류나 강물에 의하여 운반된 ☐☐☐☐이 파도가 잔잔한 해안에 오랫동안 쌓여 생기는 평탄한 땅이다.

3 갯벌에 가서 조심해야 할 것이 아닌 것을 두 가지 고르시오. (,)

① 갯벌에 들어가지 않는다.
② 갯벌 생물들에게 먹이를 준다.
③ 갯벌에서 시끄럽게 떠들지 않는다.
④ 갯벌에서 살고 있는 생물을 소중히 다룬다.
⑤ 갯벌에, 병, 깡통, 비닐, 플라스틱을 버리지 않는다.

4 여러 종류의 자료에서 정보를 얻으면 좋은 점은 무엇인지 ☐에 알맞은 말을 쓰시오.

> 여러 가지 자료에서 정보를 얻으면 다양한 정보를 비교할 수 있고 ☐☐하고 ☐☐☐ 정보를 얻을 수 있다.

경복궁을 알아보자

※ 다음 글을 읽고, 물음에 답하시오.

(가) 서울특별시 종로구 세종로에 있는 조선 시대의 궁전. 조선 태조 4년(1395)에 건립되어 임진왜란 때 소실되었으나 고종 2년(1865)에서 고종 5년(1868) 사이에 흥선 대원군이 재건하였다.

(나)
1. 근정전(국보 제 223호) : 경복궁의 정전인 근정전에서는 나라의 공식 행사를 거행하고 외국 사신을 맞이하는 중대한 의식이 거행되었다.
2. 사정전 : 왕이 신하들과 일상으로 정사를 논의하던 편전이다.
3. 강녕전과 교태전 : 강녕전은 왕의 침전에 해당되며 교태전은 왕비의 침전이다.
4. 자경전, 집경당, 함화당 : 왕의 부모님, 할머님의 처소이다.
5. 동궁 : 왕세자와 왕세자빈의 생활 공간이며, 왕세자의 교육이 이루어지던 곳이다.
6. 경회루 : 침전인 강녕전 서쪽 연못 안에 조성된 누각으로 외국 사신 또는 임금과 신하 간의 연회 장소이다.
7. 향원정 : 1873년에 완공된 향원정은 경복궁 후원에 있는 정자이다.

1 글 (가)는 국어사전에서 찾은 경복궁 정보입니다. 글 (가)를 통해 알 수 있는 것이 <u>아닌</u> 것은 어느 것입니까? ( )

① 경복궁의 위치
② 경복궁의 건립 시기
③ 경복궁의 관람 시간
④ 경복궁의 재건 시기
⑤ 경복궁을 재건한 사람

2 글 (나)는 경복궁의 무엇을 알아보기 위해 조사한 정보입니까?

03 사전을 활용하라

읽기 | 교과서 25~41쪽 | 학습 목표: 여러 가지 사전을 활용하면서 글을 읽을 수 있다.

● **글의 특징** 과일값이 치솟아 주부들이 걱정한다는 내용이 담긴 신문 기사와 풍년이 들었는데도 농부들이 걱정하는 까닭이 나타나 있는 글이다.

(가)

20○○년 ○○월 ○○월 ○요일 초등 신문

㉠

　추석을 앞두고 과일값이 치솟고 있다. 13일, 서울의 사과값은 사상 최고를 기록하였다. 지난여름, 전국을 강타한 태풍의 영향으로 과일 생산량이 줄어들었으나, 추석이 다가오자 과일을 찾는 사람이 많아졌기 때문이다.
　올 추석에는 지난해보다 과일값이 최소한 두 배 이상 오를 것으로 예상하고 있다. 과일은 추석 차례상에서 빠질 수 없으므로, 차례 음식을 준비하는 주부들의 한숨이 늘어 가고 있다.

○○○ 기자

(나) "올해도 풍년이네 그려. 그런데 전국적으로 다 풍년이라니, 이러다가는 금년 농사도 헛고생만 하는 건 아닐까? 후유."
　참 이상한 일이었어요. 농부 아저씨들이 벼가 누렇게 잘 익은 논을 바라보면서 연방 한숨을 내쉬고 있는 거예요.
　한숨은 산 너머 과수원에서도 들려왔어요.
　"어이, 김 씨! 자네 사과밭에도 사과가 주렁주렁 열렸군."
　"그래, 올해는 사과가 대풍년이라네."
　"사과가 대풍년이면 뭘 해! 남는 게 있어야지."
　과수원을 하는 김 씨 아저씨와 박 씨 아저씨도 잘 익은 사과를 보면 기쁘면서도 다른 한편으로는 걱정이 이만저만이 아니었어요. 옛날에는 풍년이 들면 너나없이 좋아하였어요. 그러나 이제는 어떻게 된 노릇인지 풍년이 들어도 걱정을 해야 하는 세상이 되었다며 농부 아저씨들이 혀를 끌끌 찼어요.
　농부 아저씨들이 걱정을 하는 까

닭은 바로 가격 때문이에요. 작년에도 풍년이 들었지만 기쁨은 잠시뿐이었어요. 풍년이 들어 쌀의 생산량이 많아지자 쌀값이 형편없이 떨어졌어요. 쌀은 많이 수확하였는데 사람들이 쌀을 사는 양은 다른 때와 비슷하였어요. 그러니까 쌀값이 떨어질 수밖에 없었던 것이지요.

쌀뿐만 아니라 과일이나 채소도 마찬가지였어요. 팔 물건은 많은데 살 사람이 많지 않다면 당연히 물건값이 떨어지는 것이지요. 올해는 특히 날씨가 좋아 벼뿐만 아니라 과일과 채소 같은 농산물이 모두 풍년이었어요. 그래서 농부 아저씨들이 가격을 걱정할 수밖에 없었지요.

옛날에는 농부들에게 풍년은 최고의 행복이었어요. 그래서 풍년이 들게 해 달라고 하늘에 제사도 지냈어요. 풍년이 들면 쌀이 많아져서 마냥 즐거웠어요.

하지만, 먹을 음식의 종류가 많아지고 쌀의 필요량이 줄어들면서 쌀값도 '경제의 원리'에 따라 움직이게 되었어요. 이것은 팔려는 상품의 양과 사려는 상품의 양에 따라 물건값이 결정되는 원리에 따르게 되었다는 것이지요.

1 ㉠에 들어갈 알맞은 신문 기사 제목을 쓰시오.

2 추석을 앞두고 과일값이 치솟은 까닭 두 가지를 고르시오. (,)

① 과일 농사가 풍년이 들었다.
② 과일을 찾는 사람이 많아졌다.
③ 가뭄의 영향으로 과일이 여물지 못했다.
④ 태풍의 영향으로 과일 생산량이 줄었다.
⑤ 교통 혼잡으로 생산지에서 과일을 가져오지 못했다.

3 쌀농사가 풍년이 들었는데도 농부 아저씨들이 걱정을 하는 까닭은 무엇입니까?

4 '경제의 원리'가 무엇인지 글 (나)에서 찾아 정리하시오.

1 풍년가 가사를 보고, 풍년가 가사를 요즈음 상황에 맞게 바꾸어 쓰시오.

풍년가

대중 문화 속으로

『사회』_ 4. 사회 변화와 우리 생활

여러분이 텔레비전을 통해 얻는 것과 텔레비전 때문에 잃는 것 세 가지를 말해 보시오.

사회가 변하면 우리 생활도 변한다

사회 | 교과서 98~133쪽 | 학습 목표 : 사회 변화와 우리 생활의 변화된 모습을 살펴볼 수 있다.

 가족은 사회를 구성하는 기본 단위입니다. 좁은 의미로의 가족은 남편과 아내, 부모와 자식, 형제자매처럼 핏줄 따위로 맺어진 관계를 말합니다. 그러나 사회가 변하면서 가족의 형태도 많이 변하고 있습니다. 사랑을 통해 입양으로 만들어진 입양 가족이나 모자 중심 또는 부자 중심의 가족 형태인 한 부모 가족도 많은 것이 현실입니다.

그리고 몇 십 년 전까지만 해도 할머니, 할아버지, 아버지, 어머니, 동생, 고모, 삼촌 등 3세대 이상으로 이루어진 확대 가족이 많았는데 요즘은 부부와 결혼하지 않은 자녀로만 이루어진 핵가족이 많습니다.

1 다음은 가족의 형태를 무엇에 따라 분류한 것입니까? ( )

▲ 확대 가족

▲ 핵가족

① 가족 구성원의 특성에 따라
② 가족 구성원의 국적에 따라
③ 가족 구성원의 세대 수에 따라
④ 가족 구성원의 혈연관계에 따라
⑤ 가족 구성원의 결혼 형태에 따라

2 각 가족의 형태와 그 설명을 바르게 연결하시오.

(1) 한 부모 가족 • • ㉠ 혈연 관계가 아닌 부모가 다른 사람의 아이를 자식으로 받아들여 형성된 가족

(2) 입양 가족 • • ㉡ 혼자서 자녀를 키우며 부모 역할을 담당하는 한 부모와 자녀로 구성된 가족

※ 다음 표를 보고, 물음에 답하시오.

옛날	오늘날
• 집이나 밖에서나 남자와 여자의 구분이 심했음. • 직업을 구할 때 남녀의 제약이 많았음. • 사회생활을 할 때, 여자들에게 기회가 공평하게 주어지지 않았음.	• 가정이나 사회에서의 남녀의 구분이 중요시되지 않음. • 능력에 따라 누구나 다양한 직업을 가질 수 있음. • 개인의 능력이 중요시됨.

3 다음 중 성 역할에 대한 설명으로 옳은 것은 어느 것입니까? (   )

① 남녀의 성별에 따라서 기대되는 역할을 말한다.
② 남녀의 성별에 따라서 차별하는 역할을 말한다.
③ 옛날에는 남자와 여자의 성 역할이 구분되지 않았다.
④ 오늘날에는 남자와 여자의 성 역할을 엄격하게 구분한다.
⑤ 옛날이나 오늘날이나 남성과 여성의 성 역할에 대한 생각은 달라지지 않았다.

4 다음 그림과 사진을 보고 알 수 있는 사실은 무엇입니까? (   )

▲ 옛날 서당의 모습

▲ 오늘날 초등학교 교실의 모습

① 옛날에는 남자들만 교육을 받았다.
② 옛날에는 여자들만 학교에 다녔다.
③ 오늘날은 남녀가 따로 공부를 한다.
④ 오늘날은 누구나 다양한 직업을 가질 수 있다.
⑤ 오늘날은 옛날보다 남녀의 활동에 제약이 커졌다.

5 양성평등 사회를 만들기 위해 가정, 기업, 국가에서 어떤 노력을 해야 하는지 각각 한 가지씩 말해 보시오.

※ 다음 공익 광고를 보고, 물음에 답하시오.

6 이 공익 광고에서 볼 수 있는 인구 문제를 두 가지 쓰시오.

-
-

7 다음은 이 공익 광고에 나타난 인구 문제를 해결하기 위해 정부에서 발표한 '새로마지 플랜 2010'입니다. 이 대책을 통해 얻고자 하는 결과가 <u>아닌</u> 것은 어느 것입니까? (   )

① 성비 불균형을 막는다.
② 출산·양육의 사회적 책임을 강화한다.
③ 노인들의 건강한 노후 생활을 보장한다.
④ 안전하고 활동적인 노후 생활을 보장한다.
⑤ 가족 친화적·양성평등적 사회 문화를 조성한다.

※ 다음 사진을 보고, 물음에 답하시오.

8. 신문을 통해 정보를 얻다가 라디오, 텔레비전을 듣고 보게 되면서 어떤 변화가 있었을지 쓰시오.

___

___

9. 대중 매체가 발달하면서 대중 문화도 다양해졌습니다. 다음과 같은 대중 문화의 긍정적인 영향과 부정적인 영향을 잘 살펴보고, 바람직한 대중 문화의 사용 방법을 쓰시오.

긍정적 영향	부정적 영향
• 많은 정보를 얻을 수 있음. • 공부에 도움이 됨. • 음악이나 영화를 감상할 수 있음. • 새 소식을 쉽게 알 수 있음.	• 시간을 많이 뺏기고 건강을 해침. • 유해 사이트를 볼 수 있음. • 게임 중독에 빠질 수 있음. • 가족들 간에 대화가 줄어들 수 있음.

___

___

01 영화를 처음 만든 사람들

※ 다음 글을 읽고, 물음에 답하시오.

세계에서 영화를 최초로 만든 사람은 프랑스의 뤼미에르 형제예요. 이 형제는 미국의 발명가 에디슨이 1894년에 '키네토스코프'라는 활동사진 기계를 만들자, 이 기술을 바탕으로 촬영기와 영사기를 만들어 최초의 영화를 찍었어요.

최초의 영화는 1895년에 만들어진 '열차의 도착'인데, 단 3분밖에 되지 않는 짧은 영화예요. 이 영화가 처음 극장에서 상영되었을 때, 사람들은 깜짝 놀라 의자 밑으로 숨었다고 해요. 화면 속의 움직이는 기차가 화면 밖으로 튀어나올 것 같아 무서웠기 때문이죠.

이후에도 뤼미에르 형제는 '리옹의 뤼미에르 공장 출구', '바다' 등의 영화를 만들었어요. 하지만 이 영화들은 소리가 들리지 않는 무성 영화였어요. 또 상영 시간이 너무 짧아서 스토리가 없고, 그저 움직이는 사진에 불과했지요.

줄거리가 있는 영화가 처음으로 만들어진 것은 1903년이에요. 미국의 에드윈 포터가 만든 '대열차 강도'가 그것인데, 11분짜리 무성 영화였지요. 최초의 영화다운 영화였기 때문에 개봉되자 미국의 많은 사람들이 극장으로 달려갔어요. '대열차 강도'는 악당들이 열차를 공격하여 강도짓을 하다가 결국 뒤쫓아오던 사람들에 의해 모두 잡히는 내용이에요.

1927년에는 소리가 나오는 유성 영화가 만들어졌어요. 최초의 유성 영화는 미국에서 만들어진 '재즈 싱어'랍니다. '재즈 싱어'는 재즈 가수로 성공한 주인공이 나중에 고향으로 돌아와, 교회의 성가대원이었던 아버지의 일을 이어받는다는 내용인데, 대단한 인기를 끌었어요.

— 자윤영, 『재미있는 문화 이야기 Ⅰ』

1 영화가 처음 극장에서 상영되었을 때 사람들이 깜짝 놀라 의자 밑으로 숨은 까닭은 무엇일까요?

---

2 다음은 찰리 채플린이 등장하는 무성영화의 한 장면이에요. 소리가 들리지 않는 무성영화를 본다면 어떤 느낌이 들지 쓰시오.

_____

_____

3 영화와 뮤지컬의 차이점 한 가지를 쓰시오.

▲ 영화　　　　　　▲ 뮤지컬

_____

_____

4 나는 영화와 뮤지컬 중에서 어떤 것이 더 좋은지 까닭과 함께 쓰시오.

나는 _____ (이)가 더 좋아요.

그 까닭은 _____

_____

02 18세 이상 관람가 영화는 왜 보면 안 되죠?

※ 다음 글을 읽고, 물음에 답하시오.

> 우리나라에서 영화의 상영 등급을 정하는 곳은 '영상물등급위원회'예요. 영상물등급위원회에서는 영화를 비롯한 모든 영상물의 선정성과 폭력성을 중심으로 상영 등급을 정하지요. 즉, 내용과 영상이 얼마나 야한지, 폭력적인지를 심사하는 거예요.
>
> 우리나라의 영화 상영 등급은 '전체 관람가', '12세 관람가', '15세 관람가', '18세 관람가', '제한 상영가'로 나뉘어 있어요.
>
> '전체 관람가'는 말 그대로 누구나 볼 수 있는 영화예요. 그리고 '제한 상영가'는 너무 폭력적이거나 야해서 제한된 극장에서만 상영해야 하는 영화를 말합니다. 이 등급의 영화는 텔레비전 광고와 신문 광고를 할 수 없어요. 그 외의 등급은 각각 해당하는 나이가 되지 않은 사람은 관람할 수 없는 영화를 뜻해요.
>
> 영상물등급위원회에서는 이렇게 관람할 수 있는 나이를 제한하기는 하지만 영화의 내용을 검열하지는 않아요. 만들어진 영화 내용의 일부를 삭제하지도 않고, 영화를 만드는 데에 간섭하지도 않지요. 예전에는 국가에서 영화의 내용을 미리 검사한 뒤 국민들에게 해롭다고 생각하는 부분을 삭제해 버리는 경우도 있었어요. 그래서 영화를 만드는 사람들이 불만을 가지기도 했답니다.
>
> — 자윤영, 『재미있는 문화 이야기 Ⅰ』

1 영상물등급위원회에서는 영화를 비롯한 모든 영상물을 무엇과 무엇을 중심으로 상영 등급을 정합니까?

2 '전체 상영가' 영화는 주로 어떤 내용의 영화일까요?

3 '18세 관람가' 영화를 11세 어린이가 보면 안 되는 까닭을 말해 보시오.

02 텔레비전을 끄면 무엇이 보일까요?

※ 다음 공익 광고를 보고 물음에 답하시오.

1 텔레비전을 보는 까닭을 세 가지만 쓰시오.

-
-
-

2 이 공익 광고에서 TV를 끄면 어떻게 된다고 말하고 있나요?

04 사람하고 놀까요? 기계하고 놀까요?

(가) 17세기 영국 런던의 평범한 가정에서 하인을 뽑는 장면입니다.
주인 : 우리 집은 저녁마다 가족 음악회를 하는데, 가족 음악회에 참석할 생각이 있나?
하인 : 네, 참석하고 싶습니다.
주인 : 가족 음악회에서 함께 노래를 부를 수 있는 목소리를 가지고 있는지 알고 싶은데…….
하인 : 아~아~아~아~아

(나) 2010년 대한민국 서울의 지하철 풍경입니다.
남자 중학생 : 휴대 전화로 열심히 게임을 하며 웃고 있다.
여자 고등학생 : 이어폰을 꽂고 노래를 들으며 혼자 흥얼거리고 있다.
40대 아저씨 : 휴대 전화로 고스톱을 치며 화를 내고 있다.

1 글 (가)에 나타나 있는 사람들의 삶과 글 (나)에 나타나 있는 사람들의 삶의 모습이 어떻게 다른지 쓰시오.

---

2 모여서 함께 노는 것과 혼자 컴퓨터 게임을 하는 것은 어떤 차이가 있습니까?

제안을 해 보아요

「말하기·듣기」·「읽기」 _ 6. 여러 가지 의견

토끼와 거북이 이야기 새로 써 주.

01 제안하는 글을 쓰면 좋은 점

🎧 듣기 💬 말하기 📖 교과서 96~97쪽 | 학습 목표 : 제안하는 글을 쓰면 좋은 점을 알아봅시다.

우리는 한 가족입니다

　올림픽은 세계인이 한자리에 모이는 축제입니다. 특히 시상대 위에서 손에 손을 맞잡고 만세를 부르는 모습은 세계인 모두가 하나라는 사실을 느끼게 해 줍니다. 그렇지만 폐막식에 각 나라끼리 따로따로 입장하는 모습은 세계인의 축제라고 할 수 없습니다.
　폐막식은 나라 구분 없이 모두 함께 입장할 것을 제안합니다. 지구촌에 사는 우리는 모두 한 가족이기 때문입니다. 나라, 메달 색깔, 피부색 구분 없이 한데 어울려 입장하면 올림픽 한 가족이 될 것입니다. 이렇게 서로를 격려하며 다음에 다시 만날 것을 약속하는 폐막식은 모두 함께 입장하는 것이 더 좋을 것 같습니다.

1 이 글을 쓴 까닭은 무엇입니까? (　　)
① 올림픽의 의미를 알리기 위해서
② 올림픽을 세계인의 축제로 만들자고 제안하기 위해서
③ 올림픽 폐막식을 나라 구분 없이 함께 입장하자고 제안하기 위해서
④ 올림픽 폐막식을 만세를 부르는 모습으로 입장하자고 제안하기 위해서
⑤ 올림픽 폐막식을 메달 색깔에 따라 따로따로 입장하자고 제안하기 위해서

2 그림 (가)는 현재의 폐막식 입장 장면이고, 그림 (나)는 글쓴이가 제안한 것이 받아들여진 후에 달라진 모습입니다. 그림 (나)와 같이 폐막식이 달라지면 좋은 점은 무엇인지 한 가지만 쓰시오.

그림 (가)　　　　　　　　　　　　그림 (나)

이황의 상소문

지난해부터 국상을 계속 치렀기 때문에 백성들이 매우 지치고, 살림이 어려워진 데다가, 여덟 번이나 중국 사신이 와서 온 나라가 시끄러웠습니다. 아직 쓰러진 자가 일어나지 못하고 신음 소리가 멈추지 않았는데 군사들을 모으라는 명령이 내려졌습니다. ㉠아무리 생각해도 지금은 시기가 아닌 듯싶습니다.

– 이황, '삼가 전하께 아뢰옵니다'에서

1 이 상소문에서 이황이 제안하는 내용은 무엇입니까? ( )

① 군사들을 모으는 시기를 미루자.
② 군사들을 모으는 시기를 당기자.
③ 중국 사신이 오는 시기를 미루자.
④ 백성들의 지친 심신을 잘 살피자.
⑤ 백성들의 신음 소리를 멈추게 하자.

2 이황이 ㉠과 같이 생각한 까닭을 두 가지 쓰시오.

- _____
- _____

3 내가 만약 지금 우리나라의 대통령에게 상소문을 올린다면 어떤 내용의 상소문을 올리고 싶은지 자유롭게 쓰시오.

_____
_____

02 의견이 적절한가 생각하기

읽기 　 교과서 108~110쪽 ｜ 학습 목표 : 글에 나타난 의견이 적절한지 판단할 수 있다.

과자 회사 게시판

● 글의 종류 건의하는 글
● 글의 특징 과자 회사에 건의하는 내용이 담긴 글이다.

1

2

○○과자 회사 게시판

(가) 과자를 위생적으로 만들어 주세요. 과자에서 고무 조각이 나왔다는 뉴스를 보고 깜짝 놀랐어요. 과자를 만드는 곳의 위생을 철저하게 관리하면 그런 것이 들어가지 않을 거예요. 우리가 안심하고 과자를 먹을 수 있으면 좋겠어요.

(나) 다양한 종류의 과자를 만들어 주세요. 우리는 과자를 좋아해요. 하지만, 과자의 종류가 다양하지 않아 늘 비슷한 과자만 먹어요. 우리가 좋아하는 과자를 골라 먹을 수 있도록 종류가 다양하면 좋겠어요.

(다) 과자를 기계가 아니라 손으로 직접 만들어 주세요. 과자에서 고무 조각이 나왔다는 것은 과자를 기계로 만들었기 때문이에요. 기계가 아니라 손으로 직접 만들면 고무 조각이 과자에 들어가지 않겠지요? 앞으로 과자를 만들 때에 기계는 절대 사용하지 말아 주세요.

1 그림 ①에서 알 수 있는 문제 상황은 무엇입니까? ( )
① 과자 값이 오른 것
② 과자를 기계로 만드는 것
③ 과자의 종류가 많지 않은 것
④ 과자에서 고무 조각이 나온 것
⑤ 과자 회사 게시판에 글을 남긴 것

2 글 (가)에서 글쓴이가 제안하는 의견은 무엇인지 쓰시오.

_____

3 글 (가)~(다) 중 문제 상황에 맞지 <u>않게</u> 제안한 것에 ○표 하시오.

| 글 (가) ( ) | 글 (나) ( ) | 글 (다) ( ) |

4 글 (가)~(다) 중 문제 상황에 맞는 제안이기는 하지만 실천하기 어려운 제안을 한 것은 어느 것인지 기호를 쓰고, 실천하기 어려운 까닭을 말하시오.

_____

03 의견의 적절성 판단하기

읽기 | 교과서 120~126쪽 | 학습 목표: 글에 나타난 의견이 적절한지 판단할 수 있다.

만년 샤쓰

- 글의 종류: 창작 동화
- 글의 특징: 자신보다 더 어려운 사람을 도와줄 줄 아는 따뜻한 마음을 갖자.

방정환

창남이는 우리 반에서 가장 인기 있는 친구이다. 이름이 창남이고 성이 한씨인데, ㉠<u>안창남 아저씨와 이름이 비슷하여 친구들은 모두 그를 '비행사'라고 부른다.</u>

창남이는 비행사같이 시원스럽고 유쾌한 성격을 가진 친구이다. 다른 친구가 걱정이 있어 얼굴을 찡그릴 때에는 재미난 말로 기분을 풀어 주고, 곤란한 일이 있을 때에는 좋은 의견을 내어 문제를 해결하여 주었다. 그래서 비행사의 이름이 더욱 높아졌다.

창남이네 집은 어려운 것 같았다. 창남이는 모자가 다 해어져도 새것으로 사서 쓰지 않았고, 바지가 해어져도 헝겊으로 기워 입고 다녔다. 하지만, 단 한 번도 창피해하거나 남의 것을 부러워하지 않았다.

체육 시간이 되었다. 오늘은 올 겨울 들어 가장 추운 날이었다. 아이들은 추운 날씨를 참지 못하고 체육복 위에 웃옷을 입고 있었다. 체육 선생님께서는 아이들에게 웃옷을 벗으라고 말씀하셨다. 아이들은 무서운 체육 선생님의 말씀에 하나둘 두꺼운 웃옷을 벗고 체육복만 입었다. 다만 한 사람, 창남이가 웃옷을 벗지 않고 있었다.

"한창남, 왜 웃옷을 안 벗니?"

창남이의 얼굴은 푹 수그러지면서 빨개졌다. 창남이가 그런 행동을 하는 것은 처음 보았다. 창남이는 한참 동안 멈칫멈칫하다가 고개를 들고 말하였다.

"선생님, ㉡<u>**만년 샤쓰**</u>도 괜찮습니까?"

"무엇이라고? 만년 샤쓰? 만년 샤쓰가 무엇이냐?"

"맨몸 말입니다."

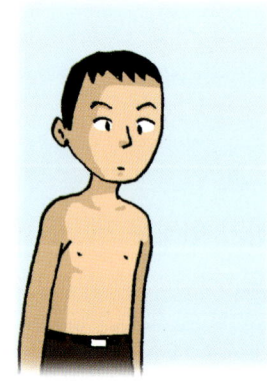

체육 선생님께서는 창남이의 말에 화가 나 뚜벅뚜벅 걸어가시며 큰 소리로 말씀하셨다.

"웃옷을 벗어라."

창남이는 웃옷을 벗었다. 아무것도 입지 않은 맨몸이었다. 선생님께서는 깜짝 놀라셨고, 아이들은 깔깔 웃었다.

"한창남, 왜 외투 안에 옷을 입지 않았니?"

"없어서 못 입었습니다."

그때, 선생님의 무섭던 눈에 눈물이 고였다. 그리고 아이들의 웃음소리도 갑자기 없어졌다. '㉢' 라고 모두 생각하였다.

"창남아, 정말 샤쓰가 없니?"

선생님께서는 다정한 목소리로 물으셨다.

"오늘과 내일만 없습니다. 모레는 인천에 사시는 형님이 올라와서 사 주십니다."

"그럼 웃옷을 다시 입어라. 오늘은 웃옷을 입고 운동하도록 해라."

만년 샤쓰! '비행사' 라는 말도 없어지고 그날부터 '만년 샤쓰' 라는 말이 온 학교 안에 퍼져서 친구들은 창남이를 만년 샤쓰라고 부르게 되었다.

1 ㉠을 통해 짐작할 수 있는 안창남 아저씨의 직업은 무엇인지 쓰시오.

2 창남이에 대한 설명으로 알맞지 <u>않은</u> 것은 무엇입니까? ( )

① 유쾌하다.
② 인기가 많다.
③ 체육을 못한다.
④ 집이 가난하다.
⑤ 좋은 의견을 잘 낸다.

3 ㉡ '만년 샤쓰' 는 무엇을 가리키는지 쓰시오.

4 ㉢에 들어갈 알맞은 말은 무엇입니까? ( )

① 창남이가 부럽다.
② 창남이가 거짓말을 하네.
③ 창남이는 역시 시원시원해.
④ 창남이네 집이 그렇게 어려웠구나.
⑤ 창남이는 왜 저렇게 구질구질하지?

03 글에 나타난 의견이 적절한가?

이튿날, 만년 샤쓰 창남이가 교문 근처에 오자 학생들이 허리가 부러지게 웃기 시작하였다. 창남이가 ㉠얇은 웃옷에 얄따랗고 해어진 바지를 입고, 양말도 안 신고 뚜벅뚜벅 걸어왔기 때문이다.

떠드는 학생들 틈을 헤치고 체육 선생님께서 "무슨 일이지?" 하고 들여다보시다가 창남이의 그 모습을 보고 놀라셨다.

"한창남, 너, 옷이 왜 그 모양이야?"

"없어서 못 입고 왔습니다."

"어째 그렇게 없어지니? 날마다 한 가지씩 없어진단 말이냐?"

"네, 그렇게 하나씩 둘씩 없어집니다."

"어째서?"

선생님과 친구들은 창남이의 말에 귀를 기울였다.

"그저께 저녁, 저희 동네에 큰 불이 났습니다. 저희 집도 반이나 넘게 탔어요. 그래서 모두 없어졌습니다."

"바지는 어제도 입고 있지 않았니?"

"네, 저희 집은 반만 타서 쓰던 물건을 몇 가지 건졌지만, 이웃 집들은 모두 타 버려서 동네가 온통 난리입니다. 저희 집은 반이라도 남았으니까 그나마 나은 편입니다. 그런데 동네 사람들은 이 추운 날에 집이 없어 고생을 하고 있습니다. ㉡저희 어머니께서 우리는 집이 있어 추운 것은 면할 수 있으니까 입을 것 한 벌씩만 남기고, 나머지는 추위에 떨고 있는 동네 사람들에게 나누어 주자고 하셨습니다. 그래서 어머니 옷과 제 옷을 모두 동네 어른들께 드렸습니다. 바지는 제가 입고 있었는데 어제 옆집의 편찮으신 할아버지께서 하도 추워하시기에 벗어 드렸습니다. 그리고 저는 가을에 입던 바지를 꺼내 입었습니다."

창남이가 말을 끝내자 주변이 고요해졌다. ㉢친구들은 아무 말 없이 고개를 숙였다. 선생님께서도 고개를 숙이셨다.

5 창남이가 ㉠과 같이 옷을 입고 온 까닭은 무엇입니까? (   )

① 날이 더워서
② 날이 추워서
③ 옷을 잃어버려서
④ 이웃 사람들에게 옷을 나누어 주어서
⑤ 형이 창남이의 옷을 입고 나가 버려서

6 ㉡을 통해 알 수 있는 창남이 어머니의 성격은 어떠합니까? (   )

① 정이 많다.
② 부지런하다.
③ 고집이 세다.
④ 자존심이 세다.
⑤ 인내심이 강하다.

7 친구들이 ㉢과 같이 아무 말도 못한 까닭은 무엇일까요? (   )

① 창남이가 미워서
② 창남이한테 화가 나서
③ 동네 사람들이 불쌍해서
④ 창남이 어머니께 죄송해서
⑤ 다른 사람을 도와주는 모습에 감동해서

8 이 글을 읽고, 다음과 같은 주제로 토의를 할 때 나는 어떤 의견을 제시할지 쓰시오.

주제	나보다 어려운 사람을 만났을 때 나라면 어떻게 하였을까?
내 의견	

나누면 행복해요

※ 다음 글을 읽고, 물음에 답하시오.

많은 것을 가지고도 행복하지 않다고 생각하는 왕이 있었다. 이 왕은 마법사에게 찾아가 행복해질 수 있는 비결을 물었다.

마법사는 세상에서 가장 행복한 사람의 속옷을 입으면 된다고 답했다. 왕은 신하에게 가장 행복한 사람의 속옷을 가져오라고 명령했다. 신하는 장군, 학자, 부자 등 많은 사람들을 만나 봤지만 행복하다고 생각하는 사람이 없었다. 그래서 실망하고 들판에 앉아 있는데 아름답고 행복함이 느껴지는 피리 소리가 들렸다.

그 소리를 따라가 피리 부는 사내를 만나 물었다.

"당신의 피리 소리가 행복하게 들리는데 당신의 마음도 행복합니까?"

피리 부는 사내가 대답했다.

"그럼요. 나는 아주 행복합니다."

신하는 기뻐하며 말했다.

"그럼 당신의 속옷을 제게 파시오. 돈은 얼마든지 주겠소."

사내가 말했다.

"어두워서 안 보이겠지만 난 지금 아무것도 입고 있지 않소. 어젯밤 벌거벗은 거지가 지나가기에 입고 있던 속옷까지 벗어 주고 말았다오."

1 마법사는 행복해지려면 어떻게 해야 한다고 했습니까?

___

2 피리 부는 사내가 아무것도 입고 있지 <u>않은</u> 까닭은 무엇입니까?

___

3 내가 생각하는 가장 행복한 사람은 어떤 사람인지 쓰시오.

___

열 전달과 우리 생활

아이스크림 맛있겠다.

『과학』_ 3. 열 전달과 우리 생활

프라이팬 손잡이가 플라스틱으로 되어 있고, 아이스크림 손잡이가 과자로 되어 있는 까닭은 무엇일까요?

우리의 생활과 열

과학 | 교과서 84~101쪽 | 학습 목표 : 열이 전달되는 방향과 빠르기에 대해 알 수 있다.

따뜻한 군고구마를 쥐고 있으면 손이 따뜻해지고, 차가운 얼음을 손으로 쥐고 있으면 얼음이 녹습니다. 이것은 열이 온도가 높은 곳에서 낮은 곳으로 전달되기 때문입니다. 이러한 열의 전달 방법을 전도라고 합니다.

1 다음 ( ) 안에 들어갈 알맞은 말을 쓰시오.

체온보다 온도가 ( ) 물체를 잡았을 때 따뜻함을 느끼고, 체온보다 온도가 ( ) 물체를 잡았을 때 차가움을 느낍니다.

2 차가운 얼음을 손에 쥐고 있으면 얼음이 녹는 까닭은 무엇입니까? ( )

① 손이 차갑기 때문에
② 열이 전달되지 않기 때문에
③ 손에서 가까운 곳부터 녹기 때문에
④ 열이 온도가 높은 곳에서 낮은 곳으로 전달되기 때문에
⑤ 열이 온도가 낮은 곳에서 높은 곳으로 전달되기 때문에

3 다음 사진과 같이 차가운 쇠 문손잡이를 손으로 잡았을 때 열을 잃는 것은 어느 쪽입니까?

( )

※ 다음 사진을 보고 물음에 답하시오.

▲ 플라스틱 국자　　▲ 금속 국자　　▲ 나무 국자

4 뜨거운 국이 들어 있는 냄비에 플라스틱, 금속, 나무로 된 국자를 넣어 두면 어떤 국자가 가장 먼저 뜨거워질까요?　　　　　　　　　　　　　(　　)

① 금속 국자
② 나무 국자
③ 플라스틱 국자
④ 모두 같이 뜨거워진다.
⑤ 모두 같이 안 뜨거워진다.

5 오븐 쟁반을 꺼낼 때 사용하는 장갑을 두꺼운 헝겊으로 만드는 까닭을 쓰시오.

_____

_____

※ 다음 자료를 보고, 물음에 답하시오.

아래쪽을 가열하면 열이 전달되어 따뜻해진 액체가 주위보다 가벼워져서 계속 위로 올라가면서 열을 전달합니다. 이때 위쪽에 있던 차가운 액체는 아래로 내려오게 되면서 빙글빙글 돌게 됩니다. 이처럼 액체의 순환이 계속되면서 열이 전체 공간으로 전달됩니다. 이처럼 액체를 이루고 있는 물질이 직접 이동하여 열이 전달되는 방법을 대류라고 합니다.

6 다음 ( ) 안에 들어갈 알맞은 말을 쓰시오.

가열하여 따뜻해진 액체는 (   ) 열을 전달하고, 차가운 액체는 (   )

7 다음 중 실생활에서 찾을 수 있는 대류 현상이 일어나는 예가 <u>아닌</u> 것은 어느 것입니까? (   )

① 목욕물을 데울 때
② 냄비에 찌개를 끓일 때
③ 주전자에 차를 끓일 때
④ 주전자에 물을 부었을 때
⑤ 보일러 속의 물을 데울 때

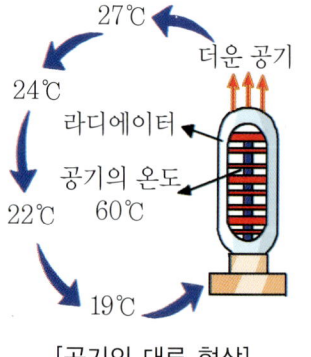

[공기의 대류 현상]

8 액체에서처럼 기체를 이루고 있는 물질이 직접 이동하여 열이 전달되는 방법도 '대류'라고 합니다. 다음 그림과 같이 기체의 대류 현상을 이용한 생활 기구가 <u>아닌</u> 것은 어느 것입니까? (   )

① 난로   ② 에어컨
③ 냉장고   ④ 정수기
⑤ 마트의 신선 식품 진열대

※ 다음 자료를 보고, 물음에 답하시오.

열의 전달을 막는 방법

 문풍지	겨울철에 문풍지를 붙여서 창문의 틈새를 막습니다.	 이중창과 이중벽	이중창과 이중벽 속에는 공기가 있어 열이 잘 들어오거나 나가지 못합니다.
 보온병	보온병은 차가운 것을 담아 두면 차가운 채로, 뜨거운 것을 담아 두면 뜨거운 채로 오랜 시간 보관할 수 있는 용기입니다. 마개는 열을 빨리 전도시키지 않는 플라스틱을 사용하고, 안쪽과 바깥쪽 벽 사이를 진공으로 하여 전도와 대류를 통한 열 전달을 막을 수 있습니다.		
 북극곰	북극곰의 하얀 털 속에는 구멍이 많이 나 있습니다. 이 구멍 속에 들어 있는 공기층이 체온을 빼앗기지 않도록 해 줍니다.	 방한복	겨울철에 입는 방한복의 섬유 속에는 공기층이 들어 있어 열의 전달을 막아 줍니다.

9 다음과 같이 집을 지을 때 이중창을 설치하는 까닭은 무엇입니까?

10 보온병의 안쪽과 바깥쪽 벽 사이를 진공으로 하는 까닭은 무엇입니까?

11 북극은 겨울에 기온이 −35℃에서 −40℃까지 떨어지는 곳입니다. 이런 곳에서 북극곰이 견딜 수 있는 까닭은 무엇일까요?

Step by Step따라

01 건물에 회전문을 설치하는 이유는 무엇일까요?

※ 다음 사진을 보고, 물음에 답하시오.

회전문은 문짝을 회전시켜 출입하는 문을 말합니다. 서로 직각을 이루도록 십자형으로 장치한 4개의 문짝을 출입구의 중앙에 설치한 수직 축 위에 고정하고, 그것을 중심으로 회전시켜 출입하게 합니다. 이러한 문은 빌딩이나 호텔 등 사람의 출입이 빈번한 곳에 설치합니다.

1 회전문의 특징 한 가지를 쓰시오.

_____

2 회전문의 좋은 점 한 가지를 쓰시오.

_____

3 빌딩이나 호텔 등 사람의 출입이 많은 곳에 회전문을 설치하는 까닭은 무엇인지 쓰시오.

_____

_____

02 사막에서 시원한 물을 먹는 방법은 무엇일까요?

※ 다음 글을 읽고, 물음에 답하시오.

태양이 내리 쬐는 무더운 사막을 횡단하는 아랍인들의 허리춤엔 양의 가죽으로 만든 물통이 대롱대롱 매달려 있습니다. 더운 사막을 횡단하는 아랍인들은 허리춤에 매달린 물통의 물을 마시면서 갈증을 해소합니다.

뜨거운 사막에서 물통 속의 뜨거워진 물을 마실 아랍인들이 불쌍하다고 생각되나요? 그러나 그건 여러분이 모르고 하는 걱정이에요. 사막의 온도가 높기 때문에 물통 속의 물도 데워졌을 것이라고 생각하기 쉽지만 사실은 매우 시원하다고 합니다. 그 까닭은 바로 아랍인들이 지니고 다니는 양가죽 물통 때문이에요. 양가죽의 틈으로 스며든 물이 증발하면서 열을 빼앗아 가기 때문에 가죽 물통 속의 물은 항상 시원하게 유지될 수 있답니다.

1 양가죽 물통 속의 물이 시원하게 유지될 수 있는 까닭을 쓰시오.

_____

_____

2 무더운 사막을 횡단하면서도 시원하게 물을 마실 수 있는 다른 방법들을 생각해서 쓰시오.

_____

_____

03 냉장고가 없던 옛날에는 어떻게 얼음을 먹었을까?

※ 다음 글을 읽고, 물음에 답하세요.

▲ 석빙고

우리나라에는 옛날부터 얼음이 녹지 않도록 보관해 주는 냉장 창고인 석빙고가 있었습니다.

석빙고가 얼음이 녹지 않게 잘 보관할 수 있는 것은 석빙고 안의 찬 공기가 사라지지 않고, 뜨거운 바깥 공기가 안으로 들어오지 못하도록 막을 수 있게 만들어졌기 때문입니다.

천장을 무지개 모양으로 만들어서 기둥이 없어도 천장이 무너지지 않고 기둥이 없으니 얼음을 옮기기 편하고 찬 기운이 석빙고 안에서 잘 빠져나가지 않습니다. 그리고 공기구멍을 통해 더운 공기가 재빨리 빠져나가는 덕분에 한여름에도 석빙고 안을 섭씨 0도 안팎으로 지킬 수 있습니다.

얼음은 열 말고도 물과 습기에 의해서도 녹습니다. 그래서 석빙고 안에는 얼음이 물과 닿지 않게 하는 비법이 숨어 있습니다. 돌을 깔아 둔 바닥은 땅에서 올라오는 물기를 막고 바닥과 얼음 사이에 깔아 둔 볏짚은 열이 옮겨 다니는 것을 막아 주고, 기울어진 바닥은 얼음이 녹아 생긴 물이 다른 얼음에 닿지 않도록 모아 줍니다. 그리고 석빙고 밖을 향해 난 길은 모인 물이 재빨리 빠져나가게 해 줍니다. 이뿐만 아니라 석빙고의 날개벽은 바깥 바람을 끌어 모아 안으로 넣어 주어 석빙고 안의 온도를 낮춰 줍니다. 이렇게 우리의 석빙고에는 찬 공기와 더운 공기의 흐름을 이용할 줄 아는 조상의 지혜가 담겨 있습니다.

1 다음 (   ) 안에 들어갈 알맞은 말을 쓰시오.

> 석빙고가 얼음이 녹지 않게 잘 보관할 수 있는 것은 석빙고 안의 (   )가 사라지지 않고, (   )가 안으로 들어오지 못하도록 막을 수 있게 만들어졌기 때문이다.

2 석빙고 바닥과 얼음 사이에 볏집을 깔아 둔 까닭은 무엇입니까?

작은 배려가 세상을 바꿔요!

『듣기·말하기·쓰기』 _ 6 의견을 나누어요

선생님이 쪼그려 앉아 설명하는 까닭은 무엇일까요?

관심을 갖고 주위를 살펴요

🟢 말하기 🔵 듣기 🔴 쓰기   📖 교과서 77~93쪽 | 학습 목표 : **우리 반에 필요한 학급 신문을 만들 수 있다.**

1 우리 반 신문에 어떤 기사를 실으면 좋을지 내용을 쓰시오.

- 학교에서 생긴 일 : _____

- 우리 반에서 생긴 일 : _____

- 우리가 생각해 볼 소식 : _____

2 1번에서 조사한 내용 중 하나를 골라 우리 반 신문에 실을 기사의 내용을 정리하시오.

누가	
언제	
어디에서	
무엇을	
어떻게	
왜	

3 신문 기사에 알맞은 제목을 정하여 봅시다.

_____

작은 배려가 세상을 바꿔요

01 작은 실천

큰 강도 물 한 방울씩이 모여 이루어진다. 위대하고 아름다운 일들의 시작은 의외로 평범하고 작은 실천에서 비롯되는 경우가 많다. 작은 실천이 감동을 주고 세상을 바꾸는 힘이 된다.

미국의 유명 주간지 '피플'이 선정한 〈세계에서 가장 아름다운 50〉에 뽑힌 재미 교포 '대니 서'는 명문 대학생이거나 부잣집 아들이 아니었다. 평범하고 아무 것도 내세울 게 없는 보통 사람일 뿐이었다. 그러나, 그에게는 아름다운 마음이 있었고, 실천력이 있었다. 고교 시절에 그의 학교 성적은 최하위였지만 '하루 15분씩 작은 실천에 투자하면 세상을 아름답게 만들 수 있다.'는 신념으로 환경을 살리는 작은 일들을 꾸준히 실천했다. '대니 서'는 12살 때 환경보호단체인 '지구 2000'을 창립하여 회원이 2만 5천 명에 달하는 대규모 단체로 성장시켰으며, 1996년 출판계로부터 '미국에서 가장 영향력 있는 10대'로 선정되기도 했다. 16세 때에는 모든 사람들이 전염될까 봐 두려워 접촉을 꺼려하던 에이즈 환자들을 돕기 위해 일주일에 한 번씩 그들이 사는 곳을 방문하여, 점심과 저녁을 만들어 주고 아픔을 함께 나누었다. 병이 옮을까 봐 두려운 마음을 극복하지 못했다면 그 일을 시작하지 못했을 것이다.

1 대니 서가 '세계에서 가장 아름다운 50인'에 뽑힌 까닭은 무엇입니까?

2 작은 실천이 큰 효과를 일으켰던 경우를 말해 보시오.

02 나머지 신발도 가져가세요

　간디가 어느 날 친구와 기차를 타고 어디를 가게 됐다. 간디는 조금 늦게 기차역에 도착했다. 기차가 플랫폼을 막 출발하려고 할 때 간디는 급히 기차에 올라탔다. 그런데 서두르는 바람에 신발 한쪽을 땅에 떨어뜨리고 말았다. 이미 기차가 달리기 시작했기 때문에 신발을 주울 수가 없었다.

　옆에 있던 친구가 포기하고 기차 안으로 들어가자고 말했다. 그러자 간디는 신고 있던 나머지 신발 한쪽을 마저 벗어 들더니 금방 떨어뜨렸던 신발을 향해 힘껏 던지는 것이었다. 친구가 의아해서 그 까닭을 물었다. 간디는 행복한 미소를 띤 얼굴로 이렇게 대답했다.

　"누군가 저 신발을 줍는다면, 두 쪽이 다 있어야 신을 수 있을 게 아닌가?"

1 만약 간디가 남아 있던 신발을 던져 버리지 않았다면 신발은 어떻게 되었겠습니까?

2 다른 사람이 그 신발을 유용하게 신었을 것이라는 예상을 하였을 때, 간디의 심정은 어떠했겠습니까?

3 내 것만을 지키려고 욕심부리지 않고, 남에게 줌으로써 행복해지는 경우를 생각해 보시오.

03 나 하나쯤이야

아프리카 어느 마을 추장이 자신의 생일을 맞아 마을 사람 모두를 초청했다. 큰 잔치를 벌일 터이니 모두들 와서 마음껏 먹고 기뻐해 달라고, 다만 올 때 각자가 먹을 술만큼은 가지고 와서 잔칫상 앞에 마련된 큰 독에 다 모아 함께 나누며 즐기자고 부탁했다.

그날 흥겨운 잔치가 열렸고, 모두 각자 가지고 온 술을 독에 부은 후 자리에 앉았다. 이윽고 그 술독에서 술을 퍼 한 잔씩 가득 담은 후에 마을의 발전을 위해 건배를 했다.

그러나 그들이 마신 것은 술이 아니라 맹물이었다.

'나 하나쯤 물을 가져가 섞으면 어떠랴?' 하는 생각을 모두가 했기 때문이었다.

1 마을 사람들이 술 대신 맹물을 마시게 된 까닭은 무엇입니까?

2 이와 같이 '나 하나쯤이야' 라는 생각으로 행동했다가 낭패를 본 경험을 쓰시오.

3 '나 하나쯤이야' 하는 생각으로 발생하는 여러 가지 사회 문제를 쓰시오.

04 혼자서는 못해요!

1 이 만화에서 이야기하고자 하는 것은 무엇입니까?

_____

2 혼자서는 할 수 없었던 일을 다른 사람과 함께 함으로써 쉽게 했던 경험을 쓰시오.

_____

_____

3 함께 잘 살기 위해서 우리는 어떤 마음을 가져야 합니까?

_____

신나는 논술
함께 사는 사회

※ '더불어 사는 사회'를 만들어야 하는 까닭을 논술하여 보시오. (500자 내외)

나누고 베푸는 삶

우리 돈으로 5천억 원이 넘는 엄청난 재산을 몽땅 사회에 기부하고 죽은 한 미국 기업가의 소설 같은 이야기가 있다. 2000년 12월 30일 세상을 떠난 존 홀링스워스 2세라는 이름의 사업가가 부동산을 포함해 4억 달러 상당의 전 재산을 대학과 자선 단체 등에 기부한 것이다.

그는 유일한 혈육인 외동딸에게조차 한 푼의 유산도 남기지 않았다고 한다. 다만 손자, 손녀의 대학 학비를 위해 1인당 25만 달러의 신탁 기금을 적립해 놓은 것이 전부라니 '부(富)의 대물림'을 당연한 것으로 여기는 사람들로서는 이해하기 힘든 일이다. 생전에 그는 공장에 있는 초라한 트레일러 속에서 살 정도로 검소한 사람이었다고 한다.

사업에 성공해 돈을 번 사람이 재산을 사회에 환원하는 전통을 미국에 세운 주인공은 철강왕 앤드루 카네기였다.

1901년 카네기는 철강 회사를 매각한 뒤 공공 도서관 건립을 지원하는 재단을 설립했다. 이후 부의 사회 환원은 성공한 기업가의 도덕적 의무로 굳어져 '록펠러 재단', '포드 재단' 등 수없이 많은 자선 재단의 창설로 이어졌다. 세계 최고의 갑부인 빌 게이츠는 지난해 50억 달러를 자신과 부인이 만든 재단에 기부해 세계 고액 기부자 명단에서 첫째 가는 사람이 되었다. 미국에서 돈을 번 사람의 기부는 일종의 '노블레스 오블리주'(가진 자의 의무)로 되어 있다.

특히 눈길을 끄는 점은 전체 기부액 가운데 재단 등을 통한 거액 기부는 23%에 불과하고 나머지는 모두 개인의 소액 기부라는 사실이다. 미국 국민의 98%가 매년 어떤 형태로든 기부 행위에 참여하고 있다는 통계도 있다. 우리나라에서도 '벤처 업계의 대부'로 통하는 정문술 미래 산업 사장이 은퇴하면서 경영권 세습을 포기하고 여생을 자선 사업에 바치겠다는 뜻을 밝힌 바 있다. 편법 상속 시비가 횡행하는 세태에서 신선한 충격이 아닐 수 없다. 그는 욕심과 함께 근심도 버렸을 것이다. 나누고 베푸는 삶은 그래서 아름답다.

▲ 앤드루 카네기

▲ 록펠러

▲ 포드

에티켓? 모티켓?

　예전엔 지하철을 타면 신문을 보거나 책을 읽는 사람, 잠을 청하는 사람이 대부분이었다. 그런데 최근 몇 년 사이 달라진 신 풍속도는 지하철을 타면 많은 사람들이 휴대 전화를 꺼내든다는 것이다. 이는 특히 젊은 층에서 두드러지는데 휴대 전화로 부지런히 무언가를 한다. 친구에게 문자를 보내거나, 메신저로 대화하기, 고스톱 등의 각종 모바일 게임을 즐기는 사람도 있다. 오죽하면 '엄지족'이라는 신조어까지 나왔을까. 우리나라는 휴대 전화 보급률이 높고, 이동 통신 체계가 잘 갖춰졌다. 그런데 한 가지 따라가지 못하는 것이 있다. 에티켓이다. 최근에는 모티켓이라는 말도 있다. 휴대 전화로 게임을 하는 것도 좋고, 문자를 보내는 것도 좋다. 하지만 버튼을 누를 때마다 삑삑거리는 소리는 듣는 사람의 신경을 거슬리게 한다. 음악 소리는 또 어떤가. 게임의 배경 음악, 효과음 등도 신경 쓰인다. 벨소리도 마찬가지다. 사람이 많은 곳에서는 진동으로 전환하자고 아무리 말해도 '쇠귀에 경읽기'다. 피곤해서 잠깐 잠을 청하고 있을 때, 크게 울리는 벨소리로 인해 잠을 깨면 짜증이 밀려온다. 남들은 불편하든 말든 나만 즐기자는 생각이다. 우리 사회는 더불어 사는 곳이다. 휴대 전화 이용도 좋지만 다른 사람을 배려하는 마음이 우선되어야 할 것이다.

국어 술술 사회 술술 과학 술술

04 이럴 때는 이렇게

※ 다음 글을 읽고, 물음에 답하시오.

(가)

(나)

1 그림 (가)에서 민준이는 왜 정우가 자기를 싫어한다고 생각하였는지 쓰시오.

2 그림 (가)와 (나)를 보고, 소개하는 말을 듣고 적극적으로 반응하면 좋은 점은 무엇인지 쓰시오.

※ 다음 글을 읽고, 물음에 답하시오.

은찬 : 안녕? 나는 이은찬이야. 만나서 반가워.
규리 : (㉠) 안녕? 난 박규리야. 책 빌리러 왔니?
은찬 : 아니, 인형극 보러 왔어.
규리 : (고개를 끄덕이며) 그래, 어떤 인형극 볼 거니?
은찬 : '팥죽 할머니와 호랑이' 인형극이야.
규리 : (㉡) 나도 그 인형극 지난번에 봤는데, 정말 재미있어.
은찬 : (눈을 크게 뜨며) 정말?
규리 : (㉢) 응. 인형극 시작한다. 안녕.
은찬 : (㉣) 안녕.

3 규리는 은찬이가 하는 말을 들을 때에 적극적으로 반응하였습니다. 규리가 은찬이의 말에 어떤 표정을 짓고 어떤 몸짓을 하였을지 쓰시오.

㉠

㉡

㉢

㉣

※ 다음 글을 읽고, 물음에 답하시오.

이반의 부모님은 이반을 불렀다.
"이반, 모든 병을 고친다는 약초를 가지고 가서 공주의 병을 고치십시오. 그러면 너는 공주와 결혼하게 되십니다."
"응, 아버지. 그럼 다녀온다."
이반은 약초를 들고 궁전을 향하여 길을 떠났다.
길을 가던 이반은 길가에 쓰러져 있는 개 한 마리를 보았다. 이반은 아픈 개가 불쌍하여 약초 하나를 먹게 하였다. 개는 금세 일어나 고맙다는 듯이 꼬리를 흔들었다.
또, 한참을 걷던 이반은 등이 굽은 노인을 보았다.

"할아버지, 어디 아파?"
"배가 편찮아서 허리를 펼 수 없어."
이반은 할아버지가 불쌍하여 마지막 남은 약초를 주고 말았다.
이반이 궁전에 도착하였지만 이반의 손에는 약초가 없었다. 어여쁜 공주를 본 이반은 싱글벙글 웃기만 하였다.
'어쩌면 웃는 모습이 저렇게 천진할까!'

4 이 글에서 잘못된 표현을 네 개 찾아 바르게 고쳐 쓰시오.

잘못된 표현	올바른 표현

05 정보를 모아

※ 다음 글을 읽고, 물음에 답하시오.

(가) 지구 온난화의 뜻 : 지구 온난화는 지표 근처의 대기와 바다의 평균 온도가 계속 상승하는 현상입니다. 과학자들은 사람들이 화석 연료를 많이 사용하고 숲을 함부로 파괴하여 지구 온난화가 발생한다고 주장합니다.

(나) 지구 온난화의 피해 : 지구 온난화가 심해지면 남극과 북극의 빙하가 녹아 해수면이 높아져 섬나라나 해안 도시는 물에 잠기게 됩니다. 남태평양의 작은 섬나라 투발루는 바닷물이 차올라 사람들이 살 수 있는 땅이 계속 줄어들고 있습니다.
  또, 기후가 변화하면서 폭풍, 홍수, 가뭄과 같은 자연재해로 인한 피해가 심해지고 있습니다. 미국에서는 더욱 강해진 허리케인으로 인하여 큰 피해가 발생하였으며, 중국에서는 장대비로 천여 명이 목숨을 잃기도 하였습니다.

1. 소영이 친구는 소영이가 쓴 글 (가)와 (나)를 읽고, 다음과 같이 말했고, 친구의 말을 들은 소영이는 '지구 온난화의 뜻과 피해가 잘 드러나게' 정리한다고 말했습니다. 소영이가 글 (가)와 (나)를 어떻게 정리했을지 쓰시오.

(가)

(나)

※ 다음 글을 읽고, 함께 생각해 봅시다.

(가) 신라로 돌아온 그는 흥덕왕의 허락을 받아 군사를 얻고 지금의 완도에 청해진을 설치하였다. 청해진 대사로 임명된 장보고는 당과 일본을 오가며 해적들을 소탕하였다.

(나) 장보고는 해적을 소탕한 뒤, 당과 일본과의 무역을 중간에서 이어 주는 해상 무역권을 손에 넣었다. 일찍이 장보고가 세계적인 변화와 흐름에 눈을 떠서 해상 무역의 중요성을 알고 있었기 때문이다. 장보고는 청해진을 무대로 당, 신라, 일본의 무역 활동을 주도하는 바다의 왕이 되었다.

(다)

연대	주요 생애
820년대 초	당에 살던 신라 사람들을 위하여 산둥 반도에 법화원이라는 절을 세움.
820년	㉠
840년	㉡
841년	염장에 의하여 암살당함.

2 글 (가)와 (나)를 참고하여, (다)의 ㉠과 ㉡에 들어갈 알맞은 말을 정리하여 쓰시오.

㉠	㉡

06 여러 가지 의견

※ 다음 글을 읽고, 물음에 답하시오.

(가) 추석을 앞두고 과일값이 치솟고 있다. 13일, 서울의 사과값은 사상 최고를 기록하였다. 지난여름, 전국을 강타한 태풍의 영향으로 과일 생산량이 줄어들었으나, 추석이 다가오자 과일을 찾는 사람이 많아졌기 때문이다.

올 추석에는 지난해보다 과일값이 최소한 두 배 이상 오를 것으로 예상하고 있다. 과일은 추석 차례상에서 빠질 수 없으므로, 차례 음식을 준비하는 주부들의 한숨이 늘어 가고 있다.

(나) 농부 아저씨들이 걱정을 하는 까닭은 바로 가격 때문이에요. 작년에도 풍년이 들었지만 기쁨은 잠시뿐이었어요. 풍년이 들어 쌀의 생산량이 많아지자 쌀값이 형편없이 떨어졌어요. 쌀은 많이 수확하였는데 사람들이 쌀을 사는 양은 다른 때와 비슷하였어요. 그러니까 쌀값이 떨어질 수밖에 없었던 것이지요.

1 글 (가)에서 추석 명절을 앞두고 사과 값이 치솟는 까닭을 쓰시오.

---

2 글 (가)와 (나)로 보아, 물건값은 어떤 때에 오르고 어떤 때에 떨어지는지 정리하시오.

물건값은 _____

※ 다음 그림을 보고, 물음에 답하시오.

(가)

(나)

3 그림 (가)와 (나)는 올림픽 폐막식 장면입니다. (가)와 (나)가 어떻게 다른지 쓰시오.

- (가):

- (나):

4 올림픽 폐막식에서 그림 (가)와 같이 입장하는 것과 그림 (나)와 같이 입장하는 것 중 어떤 것이 좋다고 생각하는지 내 의견을 정리하시오.

※ 다음 글을 읽고, 물음에 답하시오.

제목 : ㉠

　얼마 전, 제 친구는 학교 앞 횡단보도를 건너다가 차에 치일 뻔하였습니다. 학교 앞 길가에 주차된 차 때문에 달려오는 다른 차를 보지 못하였기 때문입니다. 다행히 많이 다치지는 않았지만 하마터면 큰일 날 뻔하였습니다.

㉡

　길가에 주차된 차가 없으면 횡단보도를 건널 때 차가 오는지 살펴보고 건널 수 있습니다. 운전하는 사람도 길을 건너려는 사람을 미리 볼 수 있습니다.
　불법 주차를 없애서 우리 학생들이 마음 놓고 학교에 다닐 수 있게 학교 앞 길을 안전하게 만들어 주십시오.

5 ㉠ 안에 들어갈 알맞은 제목을 쓰시오.

6 ㉡에 들어갈 제안을 정리하여 쓰시오.

※ 다음 글을 읽고, 함께 생각해 봅시다.

7 뉴스 앵커는 어떤 사실을 보도하고 있는지 쓰시오.

8 이 문제 상황을 해결할 방법을 제안하는 글을 쓰시오.

03 사회 변화와 우리 생활

① 현대 사회의 가족

1 확대 가족과 핵가족의 장점과 단점을 정리하시오.

	확대가족	핵가족
장점		
단점		

2 다음과 같은 다문화 가족의 형태가 증가함에 따라 우리는 어떤 태도를 가져야 하는지 쓰시오.

3 다음은 가족의 어떠한 역할을 나타낸 것인지 쓰시오.

2 성 역할의 변화

4 다음 공익 광고가 말하고자 하는 것은 무엇인지 50자 내외로 쓰시오.

> 남자와 여자 우리는 모두
> 똑같은 가능성을 가지고
> 태어났습니다.
> 그런데 잘못된 선입견,
> 불평등한 기회가
> 어느 한쪽의 가능성을
> 제한하고 있는 것은 아닐까요?
> 서로가 서로에게
> 힘이 될 수 있는 사회,
> 평등한 생각이
> 우리를 더 강하게 합니다.

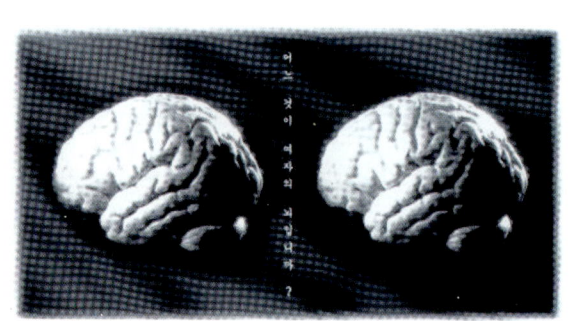

5 다음과 같이 가정, 기업, 국가에서 양성평등 사회를 만들기 위해 많은 사람들이 노력하고 있습니다. 이와 같은 노력을 해야 하는 까닭을 쓰시오.

▲ 가정　　　▲ 기업　　　▲ 국가

③ 우리 사회의 인구 문제

6 다음과 같이 시대에 따라 인구 문제에 맞는 인구 정책을 세우면서, 포스터도 변화하고 있습니다. 다음 포스터를 보고, 시대별로 어떤 정책을 펼쳤는지 쓰시오.

▲ 1970년대   ▲ 1980년대   ▲ 2000년대

- 1970년대 : _____

- 1980년대 : _____

- 2000년대 : _____

7 다음과 같이 저출산 문제를 해결하기 위해 노력을 하는 까닭은 무엇인지 쓰시오.

▲ 출산비·교육비 지원   ▲ 보육 시설 건설   ▲ 육아 휴직 활성화

_____

_____

4 여가 생활과 대중 매체

8 다음과 같이 대중 매체를 활용한 여가 생활이 우리에게 주는 긍정적인 영향과 부정적인 영향을 각각 세 가지씩 쓰시오.

긍정적 영향	부정적 영향

❺ 사회의 다양성과 소수자의 권리

9 내가 생각하는 '우리 사회의 소수자'는 어떤 사람인지 정리하시오.

_____
_____
_____

10 소수자의 인권 보호를 위해 다음과 같이 여러 가지 노력을 하고 있습니다. 그렇다면 소수자의 인권 보호를 위해 내가 할 수 있는 일은 무엇이 있는지 한 가지만 쓰시오.

> - 어린이 : 어린이의 권리를 보호하는 유엔 아동 권리 협약과 같은 국제적인 법을 만든다.
> - 외국인 : 외국인 주민 센터를 열어 다양한 서비스를 제공한다.
> - 장애인 : 장애인에 대한 차별 금지 및 인권 보호를 위해 장애인 차별 금지법을 만든다.
> - 북한 이탈 주민 : 북한 이탈 주민의 사회 적응을 위해 교육을 실시하는 단체를 만든다.

_____
_____
_____

03 열 전달과 우리 생활

1 뜨거운 냄비

1 따뜻한 커피가 들어 있는 컵을 쥐고 있으면 손이 따뜻해지고, 차가운 얼음을 쥐고 있으면 얼음이 녹습니다. 이것은 무엇 때문인지 쓰시오.

▲ 뜨거운 커피　　　　▲ 얼음

---

2 다음과 같이 냄비의 밑바닥과 손잡이가 다른 물질로 이루어져 있는 까닭은 무엇인지 쓰시오.

❷ 따뜻한 우리 집

3 다음 실험 내용을 보고, (2)와 같은 실험 결과가 나온 까닭을 쓰시오.

(1) 실험 방법 : 물을 넣은 두 개의 시험관을 준비하고, 한 개의 시험관은 얼음이 위쪽에 있도록 하고, 다른 한 개의 시험관은 나사로 막아 얼음이 아래쪽에 있도록 합니다. 그리고 두 개의 시험관의 중간 부분을 가열합니다.

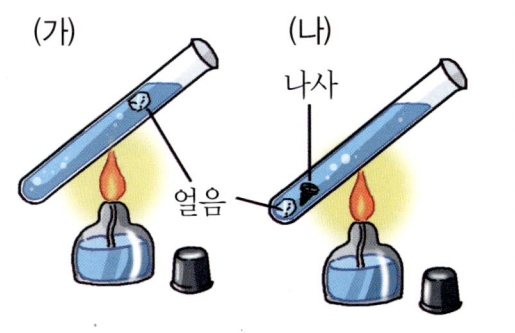

(2) 실험 결과
- (가) 시험관의 얼음이 먼저 녹고, (나) 시험관의 얼음이 나중에 녹습니다.
- (나) 시험관의 얼음은 시험관 전체의 물이 데워지면서 나중에 녹는 것입니다.

---

4 보온병의 구조를 잘 보고, 보온병을 이와 같은 구조로 만드는 까닭은 무엇인지 쓰시오.

1. 마개는 플라스틱으로 되어 있다.
2. 이중벽을 사용하고, 벽 안쪽과 바깥쪽 사이의 공기를 빼어 진공이 되도록 하였다.
3. 내부의 표면을 반짝이게 하였다.

04 화산과 지진

1 분출하는 화산

1 한라산과 산방산의 경사가 다른 이유는 무엇인지 쓰시오.

구분	한라산	산방산
사진		
차이점	크기가 크고 방패를 엎어 놓은 것처럼 경사가 완만함.	크기가 작고 종을 엎어 놓은 것처럼 경사가 급함.
공통점	• 제주도에 있음. • 화산 활동으로 만들어진 화산임. • 용암이 흘러서 만들어진 화산임.	

2 다음과 같은 화산 활동이 주는 이로움을 두 가지만 쓰시오.

•

•

❷ 흔들리는 땅

3 다음과 같이 지진이 자주 발생하는 지역인 지진대와 화산이 자주 발생하는 지역인 화산대가 거의 일치하는 이유를 쓰시오.

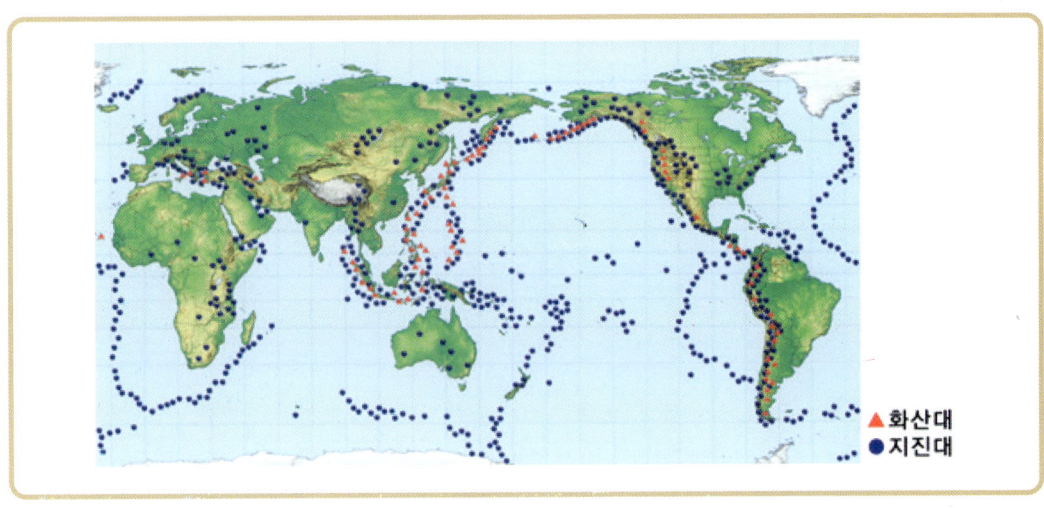

4 지진의 피해를 줄이기 위해 대비하는 방법을 두 가지만 제시하시오.

-
-

부의 열이 들어오는 것을 막기 위해서이다.

G·U·I·D·E 플라스틱은 열을 잘 전도시키지 않기 때문에 마개를 플라스틱으로 하는 것입니다. 그리고 이중벽 중간을 진공 상태로 만드는 것은 공기의 전도와 대류를 통한 열의 전달을 막기 위해서이며 이중벽의 내부를 반짝이게 하는 것은 복사를 통한 열의 전달을 막아서 내부의 열이 밖으로 빠져나가지 못하게 하기 위해서입니다. 보온병의 구조가 이와 같은 것은 안의 열을 빼앗기지 않고, 밖의 열이 들어오지 못하도록 하기 위해서입니다.

04 화산과 지진

1 한라산은 점성이 적은 용암이 멀리까지 흘러서 만들어졌고, 산방산은 점성이 큰 용암이 흘러서 만들어졌기 때문이다.

G·U·I·D·E 끈적거림이 많은 용암일수록 잘 흘러내리지 않아 경사가 급한 화산을 만듭니다. 한라산은 끈적거림이 적은 용암이어서 멀리까지 흘러 방패를 엎어 놓은 모양의 경사가 완만한 화산이 만들어졌고, 산방산은 끈적거림이 많아 종을 엎어 놓은 모양의 경사가 급한 화산을 만들었습니다.

2 • 화산 활동으로 만들어진 특이한 지형은 관광지로 이용된다.
  • 땅속의 높은 열은 온천이나 지열 발전소에 이용된다.

G·U·I·D·E 화산 활동은 우리에게 피해만 주는 것처럼 보이지만 화산 활동이 우리에게 주는 이로움도 있습니다. 화산 활동이 일어나는 주변에는 온천이 많고, 제주도와 같이 화산으로 만들어진 특이한 지형은 관광지로 이용되며 땅속의 높은 열은 온천이나 지역 발전소에 이용됩니다.

3 화산 활동과 지진 모두 힘이 집중되는 부분에서 발생하고, 지각이 약한 특정 부분에서 발생하기 때문이다.

G·U·I·D·E 지진이 자주 발생하는 지역과 화산이 자주 발생하는 지역이 일치하는 까닭은 화산 활동과 지진 모두 힘이 집중되는 부분에서 발생하며 지각이 약한 부분에서 발생하기 때문입니다.

4 지진 피해를 줄일 수 있는 내진 설계에 의하여 안전하고 튼튼한 건물을 짓는다. / 실내에서 무거운 물건은 아래쪽으로 내려놓는다. / 지진에 필요한 물품을 준비한다.

G·U·I·D·E 지진의 피해를 줄이기 위해서는 지진 피해를 줄이는 내진 설계에 의하여 건물을 짓고, 실내에서 무거운 물건은 아래쪽에 놓아 지진에 의해 건물이 흔들릴 때 물건이 떨어져 다치지 않게 해야 하며 구급 약품, 비상 식량, 손전등, 라디오 등 지진에 대비한 물품을 준비해야 합니다.

합니다. 이러한 저출산은 사회적으로 생산 가능 인구 감소, 평균 근로 연령 상승, 저축, 소비, 투자 위축 등으로 경제 활동이 저하되는 등의 문제를 야기합니다. 따라서 이러한 영향을 미치는 저출산 문제를 해결하려고 노력하는 것입니다.

8 • 긍정적 영향 : 많은 정보를 얻을 수 있음. / 새로운 소식을 쉽게 알 수 있음. / 재미와 휴식을 줌.
  • 부정적 영향 : 시간을 많이 뺏기고 건강을 해침. / 가족과의 대화 시간이 줄어듦. / 유해 사이트를 볼 수 있음.
  G·U·I·D·E 대중 매체를 활용해 여가 활동을 하는 것은 여러 가지 긍정적 영향도 있지만 부정적 영향도 있기 때문에 시간을 정해서 나에게 도움이 되는지 생각해 보고 해야 합니다.

9 우리 사회의 구성원 중에서 비교적 수가 적고, 사회적으로 힘이 없어 약자의 위치에 있는 사람을 말한다. 예를 들면 다문화 가족 구성원, 장애인, 외국인 근로자, 북한 이탈 주민 등이 이에 우리 사회의 소수자에 속하는 사람들이다.
  G·U·I·D·E 소수자는 사회 구성원 중 비교적 수가 적고, 사회적으로 힘이 없어 사회적 약자의 위치에 있는 사람을 말합니다. 장애인, 어린이, 외국인 근로자, 북한 이탈 주민, 다문화 가정 구성원 등 우리 사회 대부분의 구성원과 생김새나 문화, 언어, 삶의 방식 등에서 차이를 가지고 있는 사람들이 이에 속합니다.

10 아버지는 한국인이고 어머니는 외국인인 다문화 가정에서 태어난 친구를 다른 친구들과 다르게 생각하지 않고 똑같이 대하며 어울린다.
  G·U·I·D·E 초등 학교 4학년 학생인 내가 할 수 있는 실질적인 실천 방안을 제시합니다.

과학 술술
03 열 전달과 우리 생활

1 열이 온도가 높은 곳에서 낮은 곳으로 전달되기 때문이다.
  G·U·I·D·E 열은 온도가 높은 곳에서 낮은 곳으로 전달됩니다. 그래서 체온보다 온도가 높은 물체를 잡았을 때 열을 얻고, 체온보다 온도가 낮은 물체를 잡았을 때 열을 잃습니다.

2 냄비의 밑바닥과 옆면은 열이 잘 전달되도록 금속으로 만드는 것이고, 손잡이와 냄비 뚜껑 손잡이는 열이 잘 전달되지 않도록 플라스틱으로 만드는 것이다.
  G·U·I·D·E 냄비는 열이 전달되는 빠르기가 물질마다 다르다는 것을 이용한 예로서 냄비의 본체는 열이 잘 전달되는 물질로 만드는 것이고, 손잡이는 열이 잘 전달되지 않는 물질로 만드는 것입니다.

3 중간에서 가열된 물이 위쪽으로 올라가 위에 있던 얼음이 먼저 녹는 것이다.
  G·U·I·D·E 물이 든 시험관의 가운데 부분을 가열하면 가열된 물이 위쪽으로 올라가 위에 있는 얼음이 먼저 녹고, 나중에는 전체를 데워 아래쪽의 얼음도 녹습니다.

4 보온병 안의 열을 빼앗기지 않고, 외

G·U·I·D·E 여러 세대가 함께 사는 가족 형태인 확대 가족은 어른들과 함께 살며 삶의 지혜와 예절을 배울 수 있고, 가족의 전통을 계속 이어나갈 수 있으며 가족이 많아 힘을 합쳐 어려운 일을 헤쳐 나갈 수 있습니다. 반면 가족 개개인의 의견을 중시하기보다는 어른들의 의견 중심이 되기 쉽고, 나만의 자유로운 공간을 갖기가 힘듭니다. 부부와 자식의 두 세대만 함께 사는 핵가족은 개인 생활이 보장되고, 가족 간의 일을 계획하기는 쉽지만 가족 수가 많지 않아 외롭고, 힘든 일이 닥쳤을 때 도와줄 가족이 적어 힘들다는 단점이 있습니다.

2 서로 다른 문화를 수용하고 이해하는 태도가 필요하다. / 낯선 우리나라의 문화와 환경에 잘 적응할 수 있도록 배려하는 태도가 필요하다.
G·U·I·D·E 다문화 가족은 우리나라에 살고 있는 외국인과 결혼한 한국 가족, 또는 외국인 가족을 말합니다. 서로 다른 문화를 가진 사람들이 가족을 구성해서 살기 때문에 서로에 대한 이해와 배려가 필요합니다.

3 자녀 출산의 기능을 나타낸 것이다.
G·U·I·D·E 가족의 역할은 경제적 기능, 자녀 출산의 기능, 양육과 보호의 기능, 사회화 기능, 정서적 기능이 있는데 부부 간의 사랑을 통하여 자녀를 출산하는 것은 가족의 역할 중 자녀 출산의 기능입니다.

4 사람의 능력은 성별에 따라 다른 것이 아니므로 남녀 차별을 하지 말아야 한다.
G·U·I·D·E 똑같은 모양의 뇌를 보여 주며 누가 여자의 뇌인지 묻는 이 공익광고는 남자와 여자의 뇌 모양이 똑같은 것처럼 사람의 능력은 성별에 따라 다른 것이 아니므로 남녀 차별을 하지 말아야 한다는 것을 말하고 있습니다.

5 사람은 성에 따른 차별을 받지 않고 자신의 능력에 따라 동등한 기회와 권리를 누릴 필요가 있기 때문이다. / 성별은 자신이 선택한 것이 아니라 태어날 때부터 결정된 것이기 때문에 성별 때문에 차별을 받아서는 안 되기 때문이다. / 성별로 인한 차별을 하지 않아야 사회가 더욱 발전할 수 있기 때문이다.
G·U·I·D·E 양성평등이란 여성과 남성이 평등하게 대우 받는 것을 말합니다. 성별은 자신이 선택한 것이 아니라 자연의 법칙에 따라 결정된 것이기 때문에 차별받아서는 안 됩니다. 그리고 이러한 양성평등이 이루어졌을 때 모든 사람이 자유롭게 자기 능력을 펼쳐서 사회가 더욱 발전할 수 있습니다.

6 • 1970년대 : 인구 성장을 줄이고 남녀 구분하는 것을 막기 위해 남녀 구분 않고 둘만 낳기 정책을 펼쳤다.
• 1980년대 : 인구 성장을 줄이기 위해 자녀를 많이 낳지 않도록 하는 정책을 펼쳤다.
• 2000년대 : 저출산 문제를 해결하기 위해 출산을 장려하는 정책을 펼쳤다.

7 저출산은 생산 가능 인구 감소, 평균 근로 연령이 높아져 생산력 감소, 생산력 감소로 우리나라의 경제 능력이 낮아지는 등의 사회적으로 나쁜 영향을 끼치기 때문이다.
G·U·I·D·E 저출산은 새로 태어나는 아기의 수가 점점 줄어드는 현상을 말

이 많아지면 물건값이 오르고, 생산량은 많은데 찾는 사람이 적거나 비슷하면 물건값이 떨어집니다.

3 • (가) : 각 나라끼리 따로따로 입장하는 모습이다.
  • (나) : 나라 구분 없이 모두 함께 입장하는 모습이다.
  G·U·I·D·E (가) 의견을 찬성하든 (나) 의견을 찬성하든 알맞은 까닭을 들어 자신의 의견을 내세우고, 상대방을 설득할 수 있으면 정답입니다.

4 나는 (가)와 같이 각 나라끼리 따로따로 입장하는 것이 좋다고 생각한다. 왜냐하면 우리나라 선수들이 함께 입장하는 모습을 볼 때 가슴이 뭉클하고 애국심까지 느껴지기 때문이다. / 나는 (나)와 같이 나라 구분 없이 모두 함께 입장하는 것이 좋다고 생각한다. 올림픽은 세계인이 한자리에 모이는 축제이므로 나라도, 피부색도, 메달 색깔도 구분 없이 한데 어울려 입장하면 한 가족처럼 느껴질 것 같기 때문이다.
  G·U·I·D·E 제안하는 글이므로 제안하는 내용이 무엇인지 살펴 제안하는 내용이 드러나도록 제목을 지었다면 정답입니다.

5 마음 놓고 학교에 다니고 싶어요. / 학교 앞은 주차장이 아닙니다. / 어린이 보호 구역에 주차하지 마세요.
  G·U·I·D·E 글을 잘 읽고, 문제 상황과 제안을 하는 까닭을 잘 살펴보고 '학교 앞에 주차하지 말자.', '어린이 보호 구역에 주차하지 말아 주세요.', 등의 제안 내용을 썼으면 정답입니다.

6 학교 앞에 주차하지 말아 주세요. / 어린이 보호 구역에 주차하지 마세요. / 학교 앞에 불법 주차를 하지 맙시다.

7 ○○과자에서 고무 조각이 나왔다는 것을 보도하고 있다.
  G·U·I·D·E 뉴스 앵커는 ○○과자에서 고무 조각이 나왔다는 내용을 보도하고 있습니다.

8 과자를 만드는 기계를 자주 정비하고 과자를 만드는 곳의 위생 상태를 매일 철저히 살펴 주세요. 과자를 만드는 기계와 과자를 만드는 곳의 위생을 철저히 한다면 과자에 이물질이 들어가는 일은 발생하지 않을 거예요. 내 아이가 먹는 과자를 만든다고 생각하고 지금보다 조금 더 신경 써 주신다면 안심하고 ○○과자회사의 과자를 먹을 수 있을 것입니다.

사회 술술
01 사회 변화와 우리 생활

1

	확대 가족	핵가족
장점	세대 간의 유대감이 높고 어른들에게 지혜와 예절을 배울 수 있음. / 가족이 많아 힘을 합쳐 어려운 일을 헤쳐 나갈 수 있음.	개인 생활이 보장되고, 가족 간의 일을 계획하기 쉬움. / 이사 다니기가 쉬움.
단점	개인 생활이 보장되기 어렵고, 모든 가족들의 의견이 받아들여지기 어렵고, 어른들 중심이 되기 쉬움.	가족의 수가 많지 않아, 외로움. / 아이들만 집에 있거나 할머니, 할아버지만 집에 있어 위험한 일이 생길 수 있음.

G·U·I·D·E 은찬이가 반갑다고 인사를 했으므로 ㉠에서 규리도 미소를 지으며 손을 흔들고 인사를 했을 것입니다. 그리고 ㉡에서는 눈을 맞추며 자기도 그 인형극을 봤다는 말을 했을 것입니다. ㉢에서는 미소를 지으며 헤어지는 인사를 했을 것이고 규리도 ㉣에서 손을 흔들며 안녕이라고 인사를 했을 것입니다.

4

잘못된 표현	올바른 표현
이반, 모든 병을 고친다는 약초를 가지고 가서 공주의 병을 고치십시오. 그러면 너는 공주와 결혼하게 되십니다.	이반, 모든 병을 고친다는 약초를 가지고 가서 공주의 병을 고치렴. 그러면 너는 공주와 결혼하게 돼.
응, 아버지. 그럼 다녀온다.	네, 아버지. 그럼 다녀오겠습니다.
할아버지, 어디 아파?	할아버지, 어디 편찮으세요?
배가 편찮아서 허리를 펼 수 없어.	배가 아파서 허리를 펼 수 없어.

G·U·I·D·E 이반의 부모님이 이반에게 하는 말은 예사말을 써야 하는데, 높임말을 썼으므로 예사말로 고쳐 쓰고, 이반이 부모님에게 하는 말은 높임말을 써야 하는데 예사말을 썼으므로 높임말로 고쳐 쓰고, 이반이 할아버지에게 하는 말 또한 높임말로 고쳐 써야 합니다. 그리고 할아버지가 이반에게 하는 말은 높임말이 적절하게 사용되지 않았으므로 예사말로 바꿔 씁니다.

05 정보를 모아

1 • (가) : 지구 온난화는 지구의 표면 근처의 공기와 바다의 평균 온도가 계속 오르는 현상입니다.
• (나) : 지구 온난화가 심해지면 남극과 북극의 빙하가 녹아 바닷물의 표면이 높아져 섬나라 해안 도시는 물에 잠기게 됩니다. 또, 기후가 변화하면서 폭풍, 홍수, 가뭄과 같은 자연재해로 인한 피해가 심해지고 있습니다.

G·U·I·D·E 지구 온난화의 뜻과 지구 온난화의 피해가 잘 드러나도록 정리했으면 정답입니다.

2 • ㉠ : 신라로 돌아와 청해진을 설치함.
• ㉡ : 당, 신라, 일본과 활발한 국제 무역을 함.

G·U·I·D·E 글 (가)는 장보고의 삶을 한눈에 알아볼 수 있는 연표입니다. 글 (가)와 (나)에서 장보고의 삶의 중요한 부분을 찾아 간략하게 정리합니다. ㉠에는 신라로 돌아왔다는 내용과 청해진을 설치했다는 내용이, ㉡에는 여러 나라와 활발한 국제 무역을 했다는 내용이 들어가 있으면 정답입니다.

06 여러 가지 의견

1 과일 생산량은 감소하였는데 추석이 다가오자 과일을 찾는 사람이 많아졌기 때문이다.

G·U·I·D·E 태풍의 영향으로 과일 생산량은 감소하였는데, 추석이 다가오자 과일을 찾는 사람들이 많아져 과일값이 치솟은 것입니다.

2 물건값은 생산량은 적은데 물건을 찾는 사람이 많으면 물건 값이 오르고, 물건의 생산량은 많고 찾는 사람이 적거나 다른 때와 비슷하면 물건값이 떨어진다.

G·U·I·D·E 물건은 적은데 찾는 사람

엄두가 나지 않았는데, 친구들과 함께 나누어 작업을 하니 쉽고 재미있게 끝낼 수 있었다.

3 남의 의견을 존중하고, 배려하는 마음을 가져야 한다.

신나는 논술
함께 사는 사회

G·U·I·D·E 사람은 혼자서 살 수 없음을 알고, 더불어 사는 사회를 만들어야 하는 이유를 생각해 봅니다.

더불어 사는 사회를 만들어야 하는 까닭

사람은 '사회적 동물'이라는 말이 있습니다.

즉, 사회에서 다른 사람과 끊임없이 관계를 맺으며 살아가는 존재라는 것입니다. 하지만, 빠르게 변해 가는 현대 사회에서 나와 관계를 맺으며 살아가는 다른 사람에 대한 배려나 관심이 점차 줄어드는 것이 사실입니다. 또한 나의 이익만을 생각하고 다른 사람에게 피해가 가는 것은 신경도 쓰지 않는 경우가 늘어나고 있습니다.

그러나, 사회는 결코 나 혼자만의 힘과 능력으로 잘 살 수 있는 곳이 아닙니다. 분업화되고 전문화되어 가는 현대 사회에서 혼자 모든 것을 해결해 나간다는 것은 불가능한 일입니다. 사람들은 지식, 가진 것 등을 주고받으며 살아갈 수밖에 없습니다.

미국의 유명 시사 주간지에서 〈세계에서 가장 아름다운 50〉에 뽑힌 '대니 서'는 그저 평범한 학생이었습니다. 그러나 그는 12살 때부터 환경보호단체를 만들어, 회원이 2만 5천 명에 달하는 대규모 단체로 성장시켰으며, 에이즈 환자를 돕기 위해 일주일에 한 번씩 그들을 방문하여 아픔을 함께 했습니다. 나보다는 환경과 다른 사람을 먼저 생각하며, 자신의 생각을 실천에 옮긴 '대니 서'와 같은 행위는 모두 함께 잘 사는 사회를 만들 수 있는 밑바탕이 됩니다.

나 혼자만 잘 살겠다는 생각이 아니라 함께 더불어 사는 사회를 만들어 나간다는 생각은 사회를 더 풍요롭고 살기 좋은 곳으로 만들어 줄 것입니다.

week 09
신통방통
서술형논술형
81쪽

국어 술술
04 이럴 때는 이렇게

1 민준이가 정우의 말에 적극적으로 반응하지 않고 시큰둥하게 공만 쳐다보았기 때문이다.

2 소개하는 말을 듣고 적극적으로 반응하면 말하는 사람과 듣는 사람 모두 기분이 좋아지고 친구와 자연스럽게 대화를 하여 친해질 수 있다.

3 • ㉠ : 미소를 지으며
 • ㉡ : 손을 흔들고
 • ㉢ : 눈을 맞추며
 • ㉣ : 손을 흔들며

week 08 논술 클리닉
작은 배려가 세상을 바꿔요!
71쪽

내 눈으로 보는 교과서
관심을 갖고 주위를 살펴요

1. • 학교에서 생긴 일 : 현장 학습을 다녀온 일
   • 우리 반에서 생긴 일 : 모둠별로 연극 경연 대회를 한 일
   • 우리가 생각해 볼 소식 : 어린이들에게 도움이 되는 좋은 책 목록 소개

2. • 누가 : 우리 반 학생
   • 언제 : 7월 28일
   • 어디에서 : 학교 소극장
   • 무엇을 : 모둠별 연극 경연 대회
   • 어떻게 : 모둠별로 한 가지 주제를 정해 연극으로 꾸몄다. 학교 소극장에서 돌아가면서 발표를 했다. 옆반 선생님 두 분과 담임 선생님이 심사위원을 하셨으며, 1등을 한 모둠에게는 공책 다섯 권씩이 상품으로 증정되었다.
   • 왜 : 모둠별 화합을 위해서

3. 모둠별 연극 경연 대회 개최

논술 에너지를 쌓아라
01 작은 실천

1. 평범한 학생이었지만, 아름다운 마음을 갖고 환경을 살리고, 불쌍한 사람들을 돕는데 앞장섰기 때문에 G·U·I·D·E 작은 실천이 가져온 큰 효과를 읽고, 자신의 생활을 반성해 볼 수 있는 기회를 갖습니다.

2. 지하철 역 주변에서 붕어빵을 팔던 아주머니가 노숙자들에게 팔고 남은 붕어빵을 나누어 준 일이 소문이 나서 노숙자들에게 식사를 제공하겠다는 사람들이 생겨났다.

02 나머지 신발도 가져가세요

1. 쓰레기로 버려졌을 것이다.

2. 자신이 욕심을 버려서 남이 유용하게 사용했으니 흐뭇했을 것이다.

3. 헌혈, 수재민 성금 내기, 버려진 아이들 입양하기, 장기 기증

03 나 하나쯤이야

1. 마을 사람 모두가 '나 하나쯤이야' 하는 생각으로 술 대신 물을 가져와서

2. 도서관에서 책을 제자리에 꽂기 귀찮아서 아무데나 올려 놓았는데 사람들이 대부분 책을 아무데나 올려놔서 필요한 책을 찾기가 매우 힘들었다.

3. 쓰레기를 아무 곳에나 버리는 것. / 교통 신호를 잘 지키지 않는 것. / 수돗물을 낭비하는 것. / 새치기하는 것.

04 혼자서는 못해요!

1. 아무리 잘나도 혼자서는 살 수 없으며, 다른 사람과 도움을 주고받으며 살아야 한다.

2. 학급 신문을 만들 때, 혼자서는 도저히

11 공기층이 체온을 빼앗기지 않도록 해 준다.
G·U·I·D·E 북극곰은 털 사이에 공기층을 갖고 있어서 그 공기층이 체온을 빼앗기지 않도록 해 줍니다.

Step by Step
01 건물에 회전문을 설치하는 이유는 무엇일까요?

1 문이 돌아간다. / 열고 닫을 필요가 없다.
G·U·I·D·E 여름이나 겨울, 건물 안팎의 높은 온도차로 인해 사람이 출입할 때마다 여름에는 실외의 더운 공기가 빠르게 전달되고, 겨울에는 실내의 더운 공기가 빠르게 빠져나가 많은 에너지 손실이 생기게 됩니다. 회전문은 보통 세 개 또는 네 개의 칸막이를 통해 공기의 흐름을 차단시켜 주어, 실내외의 큰 온도차를 가진 공기가 직접 이동하지 못하도록 해 줍니다.

2 문을 열고 닫지 않아서 내부의 열이 밖으로 빠져나오거나 외부의 열이 안으로 잘 들어가지 않는다.
G·U·I·D·E 회전문은 열의 이동을 막는 기능 이외에도, 들어가거나 나가는 사람이 동시에 움직일 수 있어 빠르게 출입할 수 있다는 장점도 있으며, 멋진 외관으로 인해 건물의 이미지 증대 효과도 얻을 수 있습니다.

3 에너지를 아끼기 위해서 / 이동을 편리하게 하기 위해서

02 사막에서 시원한 물을 먹는 방법은 무엇일까요?

1 물통의 재료인 양가죽 틈에 스며든 물이 증발하면서 열을 빼앗아 가기 때문에 물통 속의 물이 시원하게 유지되는 것이다.

2 낙타의 배 밑에 물통을 매단다. 낙타의 배 밑에는 항상 그늘이 져 있기 때문에 온도가 다른 곳보다 낮을 것이다. / 초소형 냉장고를 만들어 들고 다닌다. 냉장고의 에너지는 태양열로 하여 에너지가 다 떨어지면 사막의 뜨거운 태양을 이용해 에너지를 충전한다. / 물통을 흰색으로 만들어 열을 최대한 조금 흡수하게 한다.
G·U·I·D·E 아이들이 자유롭게 자신의 상상력을 펼칠 수 있도록 제한을 두지 않고 말하게 합니다. 다소 엉뚱한 대답이더라도 경청해 주고, 자신만의 타당한 논리를 말하고 있는지 확인합니다.

03 냉장고가 없던 옛날에는 어떻게 얼음을 먹었을까?

1 찬공기, 뜨거운 바깥 공기

2 열이 옮겨 다니는 것을 막아 주기 위해서
G·U·I·D·E 볏짚은 열을 전달하지 않는 단열재 역할을 했습니다. 현대 건축에서 사용하고 있는 스티로폼이나 우레탄은 미세한 공기구멍을 되도록 많이 포함하여 열을 차단하고 있는데, 석빙고에서 사용한 볏짚도 속이 비어 있는 데다 재료 자체가 열을 잘 통과하지 않습니다.

교과서 탐구
우리 생활과 열

1 높은, 낮은
G·U·I·D·E 따뜻한 물체를 손으로 잡으면 손이 따뜻해집니다. 그 이유는 따뜻한 물체에서 손으로 열이 전달되었기 때문입니다. 그리고 얼음을 손에 쥐고 있으면 얼음이 녹습니다. 그 이유는 따뜻한 손에서 차가운 얼음으로 열이 전달되었기 때문입니다. 이렇듯 열은 온도가 높은 곳에서 낮은 곳으로 전달됩니다. 온도가 다른 두 물체가 닿아 있으면 열이 전달되어 시간이 지나면 서로 온도가 비슷해집니다.

2 ④

3 손

4 ①
G·U·I·D·E 고체를 이루는 물체에 따라 열이 전달되는 빠르기가 다릅니다. 금속이 아닌 고체보다 금속에서 열이 더 빠르게 전달됩니다. 플라스틱 국자, 나무로 된 국자, 금속으로 된 국자를 뜨거운 국이 들어 있는 냄비에 넣어 두면 금속으로 만들어진 국자가 가장 먼저 뜨거워집니다.

5 열이 잘 전달되지 않도록 두꺼운 헝겊으로 만든다.
G·U·I·D·E 오븐에 넣는 쟁반은 열이 잘 전달되는 금속으로 되어 있습니다. 그리고 그 쟁반을 꺼낼 때 사용하는 장갑은 열이 잘 전달되지 않도록 두꺼운 헝겊으로 만듭니다.

6 위로 올라가며, 아래로 내려옵니다.
G·U·I·D·E 액체를 이루고 있는 물질이 직접 이동하여 열이 전달되는 방법을 대류라고 합니다. 대류에 의해 열이 전달되는 과정은 다음과 같습니다. 가열하여 따뜻해진 액체가 주위보다 가벼워져서 계속 위로 올라가면서 열을 전달합니다. 이때 위쪽에 있던 차가운 액체는 아래쪽으로 내려옵니다. 이렇게 순환이 계속되면서 열이 전체 공간으로 전달됩니다.

7 ④
G·U·I·D·E 목욕물을 데울 때, 보일러 속의 물을 데울 때, 물이나 차, 국을 끓일 때 나타나는 현상은 대류입니다. 그러나 주전자에 물을 붓기만 하는 것에서는 대류 현상이 일어나지 않습니다.

8 ④
G·U·I·D·E 난로, 에어컨, 냉장고, 마트의 신선 식품 진열대는 기체의 대류 현상을 이용한 물건입니다. 그러나 정수기는 액체 속에 들어 있는 침전물이나 입자를 걸러 내는 '여과 장치'를 이용한 물건입니다.

9 열이 빠져나가거나 들어오지 못하게 막기 위해서
G·U·I·D·E 열의 전달을 막는 것을 '단열'이라고 하고 이중창과 이중벽은 단열을 위해 설치하는 것입니다. 이중창과 이중벽 속에는 공기가 있어 열이 잘 들어오거나 나가지 못해 단열이 됩니다.

10 대류와 전도를 통한 열 전달을 막기 위해서
G·U·I·D·E 보온병의 이중벽 사이를 진공으로 만든 것은 대류와 전도에 의해 보온병 외부와 내부의 열이 전달되는 것을 막기 위해서입니다.

03 글에 나타난 의견이 적절한가?

1 비행사
G·U·I·D·E 안창남은 우리나라 최초의 비행사(1901~1930). 일본으로 건너가 비행 학교를 졸업한 후 비행사가 되어 고국 방문 비행을 하였습니다. 그리고 망명지 중국에서 비행기 사고로 죽었습니다. 창남이는 최초의 비행사인 안창남 아저씨와 이름이 비슷하여 비행사라고 불린 것입니다.

2 ③

3 아무것도 입지 않은 맨몸

4 ④

5 ④

6 ①
G·U·I·D·E 어려운 환경에서도 다른 사람을 도와주는 어머니의 모습에서 어머니가 정이 많다는 것을 알 수 있습니다.

7 ⑤

8 내가 줄 수 있는 것이 있다면 행복한 마음으로 줄 것이다.

뛰어넘자 교과서
나누면 행복해요

1 세상에서 가장 행복한 사람의 속옷을 입으면 된다.

2 벌거벗은 거지에게 속옷까지 벗어 주었기 때문에
G·U·I·D·E 많은 것을 가졌지만 행복하지 않다고 여기는 왕과 가진 것이 없어도 행복하다고 느끼는 피리 부는 사람의 삶은 대조적입니다. 이들을 통해 무엇을 기준으로 어떻게 살아가는 것이 행복한 삶인지 생각해 볼 수 있습니다.

3 내가 생각하는 가장 행복한 사람은 자기 자신을 사랑하고 자기 자신에게 감동할 수 있는 사람이다.

도비라

열이 잘 전달되지 않도록 하기 위해서 열이 잘 전달되지 않는 재료를 사용한 것이다.

G·U·I·D·E 프라이팬의 바닥과 벽은 열이 잘 전달되는 금속으로 만들고 손잡이 부분은 열이 잘 전달되지 않도록 플라스틱이나 나무로 만듭니다. 그리고 아이스크림 손잡이가 과자로 되어 있는 까닭은 손의 열이 아이스크림으로 전달되어 아이스크림이 녹는 것을 막기 위해서입니다.

일까지 기계와 함께 하게 되면서 사람과 사람이 어울리기보다는 기계와 어울리게 된 것입니다. 가족 음악회를 위해 사람이 필요했던 과거와 달리 현재는 휴대용 음향기기에 의존하게 된 것입니다. 두 글에서 서로 다른 모습을 분석하면 현재 우리가 살고 있는 모습이 어떤지를 발견할 수 있습니다.

week 06
교과서 논술 03
의견을 나누어요
53 쪽

내 눈으로 보는 교과서
01 제안하는 글을 쓰면 좋은 점

1 ④
　G·U·I·D·E 이 글은 올림픽 폐막식 모습을 바꾸기 위해 쓴 제안하는 글입니다.

2 지구촌에 사는 우리는 모두 올림픽 한 가족이라는 느낌을 받을 수 있다.
　G·U·I·D·E 올림픽은 4년마다 열리는 국제 운동 경기 대회입니다. 올림픽은 세계인이 한자리에 모인 축제이므로 올림픽 폐막식 때 나라 구분 없이 모두 함께 입장하면 세계인이 한 가족같이 느껴져서 좋을 것입니다.

열린교과서

1 ①
　G·U·I·D·E 이황은 조선 시대의 유학자로 성리학 체계를 집대성한 사람입니다. 그런 이황이 이런 상소문을 올린 까닭은 군사들을 모으는 시기가 적절하지 않으므로 미루자는 말을 하기 위해서입니다.

2 • 국상을 계속 치러 백성들이 지치고 살림이 어려워졌다.
　• 여덟 번이나 중국 사신이 와서 온 나라가 시끄럽다.

3 우리나라도 학생들은 박물관이나 미술관, 고궁 등을 무료로 입장할 수 있게 해 달라는 내용

02 의견이 적절한가 생각하기

1 ④

2 과자를 위생적으로 만들어 주세요.
　G·U·I·D·E 글 (가)에서 글쓴이는 과자를 위생적으로 만들어 달라는 제안을 하고 있습니다.

3 글 (나)

4 (다), 과자를 모두 손으로 직접 만들려면 많은 노동력과 시간이 필요하기 때문에
　G·U·I·D·E 글 (다)에 나타난 의견은 문제 상황에는 맞지만 실천하기는 어려운 의견입니다. 대량 생산해야 하는 과자회사에서 손으로 직접 과자를 만들려면 너무 많은 사람이 필요하고 시간도 많이 걸리기 때문입니다.

6 저출산, 노령화
G·U·I·D·E 이 공익 광고를 통해 태어나는 아기 수가 점점 줄어드는 현상인 저출산과 노인 인구가 많아지는 노령화 문제를 볼 수 있습니다.

7 ①
G·U·I·D·E '새로마지 플랜 2010'은 저출산 고령화 사회의 문제를 해결하기 위해 내세운 대책입니다.

8 좀 더 생생하고 실감 나는 정보를 얻을 수 있게 되었다.
G·U·I·D·E 과거에는 신문을 통해 정보를 얻었지만, 라디오 텔레비전을 보고 듣게 되면서 좀 더 생생하고 실감 나는 정보를 얻을 수 있게 되었습니다. 그리고 최근에는 인터넷이 등장하여 좀 더 쉽고 빠르게 정보를 주고받을 수 있게 되었습니다.

9 텔레비전이나 인터넷을 시간을 정해 놓고 그 시간에만 듣고 보도록 한다. / 지식을 얻고 정서 발달에 도움이 되는 것만 골라서 본다.

Step by Step
01 영화를 처음 만든 사람들

1 화면이라고 생각하지 못하고 실제로 기차가 튀어나올 것 같았기 때문에

2 영상을 보고 여러 가지 상상을 할 수 있다. / 내용이 이해가 되지 않아 답답할 것이다.
G·U·I·D·E 무성 영화는 인물의 대사, 음향 효과 따위의 소리가 없이 영상만으로 된 영화입니다. 무성 영화와 유성 영화의 차이점과 특징을 잘 생각해 봅니다.

3 영화는 배우들을 직접 볼 수 없고 뮤지컬은 직접 볼 수 있다.

4 나는 영화가 더 좋아요. 그 까닭은 집에서도 볼 수 있기 때문이에요. / 나는 뮤지컬이 더 좋아요. 그 까닭은 배우들을 직접 볼 수 있기 때문이에요.

02 18세 이상 관람가 영화는 왜 보면 안 되죠?

1 선정성과 폭력성
2 가족 간의 사랑, 동물과 사랑의 우정
3 어린이의 정서에 해롭기 때문이다.

03 텔레비전을 끄면 무엇이 보일까요?

1 재미있어서, 심심해서, 텔레비전을 보아야 친구들과 말이 통해서
2 가족 간의 대화가 많아져서 행복해진다.

04 사람하고 놀까요? 기계하고 놀까요?

1 글 (가)에 나타나 있는 사람들은 사람들이 서로 어울려 살고, 글 (나)에 나타나 있는 사람들은 기계와 어울려 산다.

2 아이들이 모여서 함께 놀면 서로 교감이 이루어지지만 컴퓨터와 게임을 하면 교감이 이루어지지 않는다.
G·U·I·D·E 현재 우리는 많은 기계와 함께 하며 하루를 보냅니다. 기계의 도움 없이 인간 스스로 살아갈 수 없을 정도로 기계에 의존하며 살아갑니다. 가장 심각한 것은 인간과 함께 해야 할

양에 따라 물건값이 결정되는 원리

열린교과서

1. 풍년이 왔네 풍년이 왔어.
   금수 강산으로 풍년이 왔네.
   한숨만 푹푹.
   한숨만 푹푹.
   올해 농사도 헛수고구나.
   이번 5일장에
   헐값에라도 팔아 보자.

week 05
영재 클리닉 01
대중 문화 속으로
43 쪽

도비라

시간을 많이 빼앗긴다, 가족 간의 대화를 빼앗긴다, 친구와 놀 시간을 빼앗긴다, 새로운 정보를 얻는다, 즐거움을 얻는다, 공부에 필요한 지식을 얻는다.

교과서 탐구
사회가 변하면 우리 생활도 변한다

1. ③

G·U·I·D·E 핵가족과 확대 가족은 구성원의 세대 수에 따라 구분한 것입니다. 확대 가족은 확장 가족이라고도 하는데 결혼한 자녀들이 부모님과 같이 생활하는 가족으로 3세대 이상으로 구성되어 있는 가족입니다. 그리고 핵가족은 아버지와 어머니 그리고 결혼하지 않은 자녀들 즉 2세대가 같이 생활하는 가족입니다.

2. (1) 한 부모 가족 – ㉡
   (2) 입양 가족 – ㉠

3. ①

G·U·I·D·E 성 역할이란 남녀의 성별에 따라서 기대되는 역할을 말합니다. 옛날에는 성 역할이 전통, 종교, 문화의 틀에 의해 엄격하게 구분되었지만 오늘날은 사회가 변화하고 여성의 사회 참여가 활발해지면서 점처 성 역할에 대한 생각이 달라지게 되었습니다.

4. ①

G·U·I·D·E 그림과 사진을 보면 옛날에는 여자들이 교육 받을 기회를 얻지 못했음을 알 수 있습니다.

5. • 가정 – 집안 일 분담
   • 기업 – 남녀 기회 평등하게 제공
   • 정부 – 법과 제도 마련

G·U·I·D·E 오늘날에는 양성평등 사회를 만들기 위해 많은 사람들이 노력하고 있습니다. 가정에서는 남녀가 집안일을 분담하고 기업에서는 남녀에게 기회를 평등하게 주려고 노력하고 정부에서는 다양한 법과 제도를 마련하여 남자와 여자가 차별받지 않을 수 있도록 노력하고 있습니다.

내 눈으로 보는 교과서
01 이해하기 쉽게 발표하기

1 지구 온난화는 지표 근처의 대기와 바다의 평균 온도가 계속 상승하는 현상입니다.
  G·U·I·D·E 친구들이 이해하기 쉽게 발표하기 위해서는 중요한 내용이 잘 드러나게 발표해야 합니다. 이 글의 중요한 내용은 글의 첫 문장에 나타나 있습니다.

2 (1) ㉠ - 지구의 표면
  (2) ㉡ - 공기
  (3) ㉢ - 올라가는

3 ①
  G·U·I·D·E 글 (가)는 지구 온난화의 피해에 대해 설명하고 있습니다.

열린교과서

1 빙하
  G·U·I·D·E 이 공익 광고에서 하는 빙하를 의미하고, 이 공익 광고를 통해 알리고자 하는 내용은 지구 온난화로 인해 빙하가 녹고 있으므로 지구 온난화를 막아야 한다는 것입니다.

2 해수면이 높아졌기 때문에
  G·U·I·D·E 이 공익 광고에서 자유의 여신상이 물에 잠긴 까닭은 지구 온난화로 인해 해수면이 높아졌기 때문입니다.

3 지구 온난화를 막아야 한다.

02 정보를 얻는 방법 알아보기

1 ②
  G·U·I·D·E 인터넷에는 최신 정보가 많고 검색으로 쉽고 빠르게 정보를 얻을 수 있습니다. 그리고 시간과 노력이 절약됩니다. 그러나 출처가 불분명하고 정보의 양이 너무 많아 선택하기가 어렵습니다. 그리고 정확하지 않은 정보가 많으므로 잘 분별하여야 합니다.

2 진흙

3 ①, ②

4 정확, 좋은

열린교과서

1 ③
  G·U·I·D·E 국어사전에서 찾은 경복궁 정보에는 경복궁의 위치와 건립 시기, 재건 시기와 재건한 시기는 나타나 있지만 경복궁의 관람 시간은 나타나 있지 않습니다.

2 경복궁에 있는 부속 건물의 이름과 그 건물의 쓰임새

03 사전을 활용하라

G·U·I·D·E 추석 과일값이 치솟아 주부들이 걱정한다는 내용이 담긴 신문 기사이므로 그에 어울리는 제목을 짓습니다.

1 올 추석 과일값, 주부들 한숨 늘어 간다. / 치솟는 과일값에 주부들 한숨도 늘어 간다. / 올 추석 과일 값, 작년 두 배, 주부들 부담도 두 배

2 ②, ④

3 쌀의 생산량이 많아지자 쌀값이 형편없이 떨어졌기 때문이다.

4 팔려는 상품의 양과 사려는 상품의

해 해야할 일을 생각해 봅니다.

1 일을 성공적으로 처리한 후 느끼는 행복. / 어린이를 보호하거나, 바른 길로 갈 수 있도록 도와준 후 느낄 수 있는 보람. / 돈을 많이 벌어 불쌍한 사람들을 실질적으로 도와줄 수 있을 때 느끼는 행복. 등

2 부모님과 떨어져 영원히 늙지 않고 사는 것보다, 부모님과 함께 살면서 자신도 언젠가는 자신의 아이들에게 좋은 부모로 사는 것이 더 보람된 일이라고 생각해서

3 어른이 되면서 어린아이의 순수한 마음을 잃어버려서

4 섬에 남은 피터는 늙지 않고 어린이로 계속 살았으며, 집에 돌아온 웬디는 어른이 되어 어머니가 된다. 나는 웬디처럼 집에 돌아와 살겠다. 어른이 되어 할 수 있는 여러 가지 일을 포기하면서까지 어린이로 남고 싶지는 않기 때문이다. 또, 어린이로 살아봤으니 어른이 되어 어른의 삶도 잘 살아보고 싶다. / 나는 피터처럼 섬에 남겠다. 어른이 되어 여러 가지 책임과 의무에 시달리느니 어린이로 남아 즐겁게 사는 것이 좋다.

발전도 없고 남들에게 인정받지도 못한다. 책임을 미루고, 의무를 다하지 않는 사람들이 많은 사회는 무질서해지고 발전할 수 없다.

3 자신이 할 일을 스스로 알아서 하며 남에게 의지하려는 마음을 버린다. 또한, 자기가 한 일에 대한 책임을 지고 최선을 다해 일을 하려고 노력한다.

02 어른 VS 어린이

G·U·I·D·E 어른과 어린이들의 가치 판단 기준을 비교해 봅니다.

1 • 어른 : 능력, 재산, 학벌, 외모, 배경 등
  • 어린이 : 성격, 좋아하는 것, 취미, 느낌, 내면의 모습, 등

2 난 내가 좋아하는 느낌과 얼마나 비슷한가를 가장 중요하게 생각한다. / 난 외모를 중요하게 생각한다. / 나와 비슷한 취미를 갖고 있는가를 중요하게 본다. 등

독서 클리닉 plus
01 피터 팬 신드롬

G·U·I·D·E 피터 팬 신드롬의 의미를 알고, 올바른 성장의 중요함을 안다.

1 남에게 의지하려는 마음이 많고, 책임감이 부족하기 때문이다.

2 자신이 하는 일이나 나 아닌 다른 사람에 대해 책임지기 싫어하기 때문에 자신의

week 04
교과서 논술 02
정보의 바다에서 보물을 건져요
33 쪽

탐구 정신을 본받아요

01 어른이 되고 싶지 않아

1 자라고 싶지 않아서
  G·U·I·D·E 한 가지 입장만을 고집하지 않고, 두 가지 입장에서 모두 생각해 봅니다.

2 창문으로 도망간 피터가 돌아오길 바라는 마음에서 어머니가 창문을 열어 놓았을 것이다.

3 어머니가 창문을 닫아 놓은 것을 보고 더 이상 피터를 기다리지 않는다고 생각해서

4 힘들게 일하시고 지쳐서 들어오시는 부모님을 봤을 때. / 재미있는 만화나 장난감을 보고도 어른들이 하나도 기뻐하지 않을 때. 등
  이유 : 어른이 되면 책임과 의무도 무거워지는 것 같아서. / 내가 싫어하는 어른의 모습으로 내가 자라는 게 싫어서. / 어른이 되면 재밌는 일이 하나도 없을 것 같아서. 등

5 • 좋은 점 : 지금처럼 젊은 모습이 그대로 유지된다. / 가정을 위해 돈을 벌지 않아도 된다. / 군대를 가거나 아기를 낳지 않아도 된다. 등
  • 나쁜 점 : 자식을 기르는 기쁨을 맛볼 수 없다. / 어른들만 갈 수 있는 곳에 평생 가 볼 수 없다. / 늘 부모님의 도움을 받아야 한다. 등

02 어머니가 된 웬디

1 잠 재워 주기, 빨래, 밥짓기, 바느질, 아이들 보살피기 등
  G·U·I·D·E 어머니의 역할과 책임에 대해 생각할 수 있습니다.

2 어머니는 아이들을 위해 일하고 돌봐 줄 책임이 있기 때문에

3 자식들을 위해 일해야 한다. / 돈을 벌어서 자신의 생활을 스스로 책임져야 한다. / 부모님을 모셔야 한다. 등

03 어른들은 모르는 게 있어

G·U·I·D·E 부모님의 입장에서 생각해 보는 시간을 갖습니다.

1 자신이 집으로 돌아왔을 때 창문은 잠겨 있고, 집 안에는 다른 남자 아기가 자는 것을 보고 부모님께서 자신을 잊었다고 생각했기 때문에

2 옆 집 친구와 나를 비교하시면서 혼내실 때. / 내가 좋아하는 게임은 못하게 하고 공부만 하라고 하실 때 등

04 영원히 늙지 않는 피터 팬

G·U·I·D·E 바른 어른으로 성장하기 위

5 글 (가) 같은 종류의 글로 쓰는 것이 효과적이다. 그 까닭은 격식과 예의를 갖춘 느낌이 들기 때문이다. / 글 (나) 같은 종류의 글로 쓰는 것이 효과적이다. 그 까닭은 친근한 느낌이 들어 귀에 쏙쏙 들어오기 때문이다.

열린교과서

G·U·I·D·E 주어진 형식에 맞게 편지글을 써 봅니다.

1 보고 싶은 바름이에게
바름아, 안녕. 그동안 잘 지냈니?
난 오늘 아빠와 함께 아빠가 일하시는 곳에 갔었어. 그곳 입구에는 '정의의 여신'이 서 있었는데 정의의 여신은 두 눈을 감고 오른 손에는 저울을, 왼손에는 칼을 들고 있었어. 아빠에게 정의의 여신은 왜 눈을 감고 저울과 칼을 들고 있는 거냐고 여쭤 보았어. 아빠 말씀이 정의의 여신이 눈을 감고 있는 건 눈을 뜨고 있으면 재판을 받을 사람이 어떤 사람인지 알게 되어 마음이 흔들릴 수 있기 때문이래. 그리고 저울을 들고 있는 건 옳고 그름을 무게로 달아서 눈금이 가리키는 대로 정확하게 결정을 내리겠다는 의미가 담겨 있대. 그리고 칼을 들고 있는 이유는 의롭지 못한 것을 칼로 심판하겠다는 뜻이래.
자유의 여신을 보니까 법으로 사람을 심판한다는 것이 얼마나 어려운 일인지 알게 되었어. 바름아 우리 다음에 정의의 여신 보러 같이 가자. 다시 만날 때까지 잘 지내. 안녕.
○○년 ○○월 ○○일
병재가

03 적절한 표현을 찾아라

1 ④
G·U·I·D·E 언제나 망설임 없이 형들에게 재산을 나누어 주라고 아버지께 말씀 드리는 것을 통해 알 수 있는 이반의 성격은 마음씨가 착하다는 것입니다.

2 형제가 서로 싸우게 만들기로 하였다.

3 • 세몬 : 허황된 용기를 불어넣어 전쟁을 하게 만들었다.
• 타라스 : 터무니없는 욕심을 불어넣어 타라스가 남의 재산을 무조건 사들이게 하였다.

4 ③

5 그럼 우리가 도와줄게.
G·U·I·D·E 예사말은 높이거나 낮추는 말이 아닌 보통 말입니다.

6 다녀올게. → 다녀오겠습니다.

7 하나는 아픈 개에게 먹였고, 하나는 등이 굽은 노인에게 주었다.
G·U·I·D·E 이반이 싱글벙글 웃는 모습을 보자, 신기하게도 공주의 병이 싹 나았다고 하였습니다.

8 벙글거리는 이반을 보고 병이 나았다.

week 02
교과서 논술 01
상황에 맞게 표현해요
13 쪽

내 눈으로 보는 교과서
01 이야기의 내용 간추리기

1 ⑤
G·U·I·D·E 민준이는 정우의 소개하는 말을 듣고 민준이와 눈을 맞추지 않고 공만 보며 서 있었습니다.

2 민준이가 자기의 말에 대답은 하지 않고 축구공만 발로 차며 가 버렸기 때문에
G·U·I·D·E 민준이가 정우의 말에 별 관심을 보이지 않고 시큰둥한 표정을 짓고 가 버렸기 때문에 정우가 자신을 싫어한다고 느꼈습니다.

열린교과서

1 한스를 무시하는 태도를 보였다. / 한스를 한심하다는 태도를 보였다.
G·U·I·D·E 바보 한스는 안데르센이 쓴 작품으로 가족들로부터도 놀림을 받던 바보 한스가 길에서 주운 물건을 가지고 까다로운 문제를 내는 공주에게 재치있게 대답하여, 공주와 결혼하게 되고, 왕이 된다는 이야기입니다. 눈에 보이는 똑똑함만이 다가 아니라는 것을 배우게 됩니다.

2
- ㉠ : 어머, 까마귀 아니니? 한스야, 죽은 까마귀로 무엇을 하려고 그러니?
- ㉡ : 한스야, 공주님이 죽은 까마귀를 무서워할지도 모르니까 다른 선물을 하는 게 어떨까?
- ㉢ : 나막신이 많이 낡았구나. 한스야, 공주님께 나막신 대신 예쁜 구두를 선물하면 좋겠구나.
- ㉣ : 그래, 보드라운 진흙이구나. 네 손이 더러워지니까 그릇에 담는 게 어떨까?

G·U·I·D·E 이야기 속의 등장인물은 성격에 따라 대사가 다릅니다. 바보 이반의 형제들이 착하고 동생을 사랑하는 성격을 가졌다면 어떤 대사를 했을지 상상하여 써 봅니다.

02 일의 방법을 파악하라

1 ④

2 거대한 무덤을 만든 까닭
G·U·I·D·E ㉠에는 무거운 돌로 거대한 무덤을 만든 까닭이 나타나 있습니다.

3
- (가) : 설명하는 글
- (나) : 편지글

G·U·I·D·E 글 (가)는 고인들의 뜻과 이름의 유래, 고인돌을 만든 까닭에 대하여 자세히 설명하고 있는 글입니다. 그리고 글 (나)는 고인돌에 대하여 알게 된 내용을 서윤이에게 알려 주기 위하여 쓴 편지입니다.

4 ④

이 많아지는 것
G·U·I·D·E 이 문제에서 건물 주인이 하고 있는 고민은 '엘리베이터가 느려서 사람들이 화를 낸다.'는 것입니다.

2 엘리베이터에 거울을 달았다.

04 이중 콘센트를 발명한 마쓰시타 고노스케

1 콘센트가 한 개밖에 없어서 싸우는 자매를 본 것
G·U·I·D·E 일본 최대 전기 제품 회사 마쓰시타 그룹의 창업자 마쓰시타 고노스케는 일상 생활에 필요한 가치 있는 것을 많이 발명한 발명가이자 사업가입니다. 그는 일상생활 속에서 체험으로 얻은 경험을 토대로 여러 가지 정보와 지식을 결합시켜 분석하고 검증하고 실험하여 발명품을 만들어 냈습니다.

05 포스트잇이 세상에 나오게 만든 프라이

1 책갈피 대신 책에 붙인다. / 아이디어가 떠오를 때 메모한다.
G·U·I·D·E 실패한 제품으로 버려졌던 접착제가 어떻게 다시 제품화되었는지 알려 주는 일화입니다.

2 프라이의 끈질긴 연구에 존경을 보낸다. / 실패라고 생각하기 전에 한 번 더 도전하는 것이 필요하다.

06 그림에 대한 생각을 바꾼 피카소

G·U·I·D·E 우리가 그림을 어떤 기준으로 잘 그렸다고 판단하고 있는지 점검해 보고, 피카소와 같이 그림을 그리는 태도에 대해 긍정적으로 생각하는지 아니면 또 다른 생각을 갖고 있는지 말해 봅니다.

1 다른 그림과 달리 특이했기 때문에

2 보이는 그대로를 그리는 것이 아니라 자신의 생각을 나타낼 수 있어야 한다고 생각했다.

3 다른 사람과 똑같이 생각하지 않고, 나만의 독특한 생각을 할 줄 아는 사람이다. 그리고 자신의 생각을 행동으로 옮길 수 있는 사람이다. 피카소와 같은 예술가로 인해 예술이 끊임없이 다양한 모습으로 발전할 수 있는 것이라고 생각한다.

발상 사고 혁명 plus
둥글둥글 생각을 열어 봐요

- 종이를 반으로 접어 구부리면 동전이 쉽게 통과한다.
- 기울어지는 쪽 : 얼음쪽
- 이유 : 얼음이 녹으니까 수박 쪽으로 기울어져 있을 것이라고 생각하는 학생들이 많을 것이다. 물론 처음에는 수박 쪽으로 기울어질 것이다. 그러나 수박은 둥근 물체라서 시소가 기울면 곧 굴러 떨어지고 만다. 그러므로 30분 후에는 얼음 쪽으로 시소가 기울어져 있게 된다.

※ 들어가기 전에 – 이 책은 다양한 개성적인 반응과 답변을 유도하는 데 목적이 있으므로, 단 하나의 유일한 정답이 없는 문항들도 많습니다. 그러므로 〈정답의 방향〉을 가늠하는 참고 자료로 활용해 주시기 바랍니다.

week 01
발상사고혁명
나무를 지나 숲을 보자
05 쪽

도비라

두꺼운 종이에 구멍을 뚫어서 그 안에 달걀을 넣고 세운다. / 달걀 끝을 납작하게 만들어서 세운다. 등

G·U·I·D·E 달걀은 끝이 납작하지 않기 때문에 세우기가 힘이 듭니다. 그러나 여러 가지 방법을 생각해 보면 세울 수 있습니다. 달걀을 있는 그대로 세운다는 생각, 달걀만 가지고 세운다는 생각에서 벗어나면 다양한 방법이 떠오를 것입니다.

열린 사고를 하자

01 달걀을 세운 콜롬버스

G·U·I·D·E 콜롬버스가 달걀을 세우는 방법을 통해 신대륙을 발견한 이치를 사람들에게 이야기하는 일화입니다.

1 달걀 한 쪽 끝을 책상 모서리에 부딪쳐 납작하게 한 다음 달걀을 세워 놓았다.

2 남이 생각하지 못한 것을 생각해 내고 그것을 행동으로 옮겼기 때문에

02 고르디아스의 매듭을 끊은 알렉산더

1 매듭을 푸는 사람이 아시아의 지배자가 될 것이다.

2 칼을 뽑아 매듭을 잘라 버렸다.
G·U·I·D·E 알렉산더 대왕이 칼로 자른 '고르디아스의 매듭'은 아무리 풀려고 애를 써도 풀기가 어려운 문제를 뜻하고, '고르디아스의 매듭을 끊는다'는 표현은 복잡한 문제를 지혜롭고 대담한 방법으로 풀었다는 의미로 쓰입니다.

3 알렉산더 대왕은 똑같은 문제를 다른 관점으로 보고 쉽게 풀어냈다고 생각한다. / 알렉산더 대왕은 매듭을 자른 것이지 푼 것이 아니므로 문제를 해결한 것이 아니다.
G·U·I·D·E 학생들이 문제를 해결하는 것에 대해 어떤 관점을 가지고 알렉산더 대왕의 행동을 평가하고 있는지 살펴봅니다. 문제가 해결된 것에 초점을 맞추어 알렉산더 대왕의 행동을 평가하는 학생과 어떠한 방법을 선택했는지 중요하게 생각하고 평가하는 학생이 있을 것입니다. 학생 스스로 선택한 관점과 평가 내용이 일관되는지 살펴봐 주시고 평가하는 근거가 타당한지 검토합니다.

03 느린 엘리베이터 문제를 해결한 청년

1 느린 엘리베이터 때문에 사람들의 불평